恕我直言

李镇西 著

大夏书系·教育新思考

华东师范大学出版社

图书在版编目（CIP）数据

恕我直言/李镇西著. —上海：华东师范大学出版社，2017
ISBN 978-7-5675-6608-8
Ⅰ.①恕… Ⅱ.①李… Ⅲ.①时事评论—中国—文集 Ⅳ.① D609.9-53

中国版本图书馆 CIP 数据核字（2017）第 150117 号

大夏书系·教育新思考

恕我直言

著　者	李镇西
策划编辑	李永梅
特约编辑	韩世文
审读编辑	张思扬
封面摄影	蔡　军
封面设计	奇文云海·设计顾问
出版发行	华东师范大学出版社
社　　址	上海市中山北路 3663 号　邮编　200062
网　　址	www.ecnupress.com.cn
电　　话	021－60821666　行政传真　021－62572105
客服电话	021－62865537
邮购电话	021－62869887　　地址　上海市中山北路 3663 号华东师范大学校内先锋路口
网　　店	http: //hdsdcbs.tmall.com
印 刷 者	北京季蜂印刷有限公司
开　　本	700×1000　16 开
插　　页	1
印　　张	15.5
字　　数	222 千字
版　　次	2017 年 8 月第一版
印　　次	2018 年 7 月第二次
印　　数	6 101－9 100
书　　号	ISBN 978－7－5675－6608－8/G·10451
定　　价	45.00 元
出 版 人	王　焰

（如发现本版图书有印订质量问题，请寄回本社市场部调换或电话 021-62865537 联系）

序言 PREFACE

愿观点碰撞成为君子之交的常态

这本小册子汇集了我近两年来关于社会评论、教育思考的一些文字。有的篇章还引起过不小的反响或争议。

曾经有人好心地劝我："你就是一个教师，多谈谈教育，不要去碰社会问题，容易惹火烧身，何苦呢？"我总是这样回答："我是教师，所以我同时是一名知识分子，更是一个公民。何况在一个真正的教师眼中，天下所有的事都是'教育'！"现在我依然这么认为。所以我评论"刺死辱母案"（《我该如何给学生讲于欢？》），谴责屯留县纪委对几名自费吃饭教师的荒唐"处分"（《谁给谁"抹了黑"？》），批评各种类似"创卫"活动对教育的严重干扰（《请饶了教育吧！》）……我这样做，无非是承担一个公民应有的社会责任，也是对学生对好的公民的教育示范。

至于谈论教育话题，更是我的"分内事"了。长期以来，包括教师在内的不少人习惯于关闭自己的大脑，迷信书本，迷信领导，迷信权威，从不独立思考，而且还视独立思考为"危险"，叫学生"不要乱说乱写"。这样的教师，企盼他培养一代公民，不但缘木求鱼，而且南辕北辙。其实，我的许多思考并不"深刻"，说的都是常识。我们有太多的"前沿观点""新潮理念"，而常识却被遮蔽了。因此，我一旦谈本来众所周知却几乎人人遗忘的常识时，便显得"独特"而"深刻"了。其实不然。比如

《最好的学校要招最好的学生？》《"人"是高于一切的目的》《动辄标榜"教育创新"，至少是一种无知》《教育不是拿给别人欣赏的》《急功近利是教育的天敌》等等，说的都是前人已经说过的常识，只是这些常识现在被淹没了。因此，我最近几年不断言说的主题，就是让教育回到起点，遵循常识。

思考必然也应该伴随着争议，甚至可以说，没有观点的碰撞就没有思想的诞生。这也是常识。虽然我们的祖先早就讲过"君子和而不同"，但其实中国思想史总体上看还是党同伐异的时候多，尽管也有过"百家争鸣"的时代。人们往往容易把观点不同往人际关系上扯，甚至一言不合便互相谩骂，而且吵着吵着便离开了观点而直奔对方的道德人品。于是一旦遇上争论，君子大多变成了小人。这是中国当代一直没有学术繁荣的重要原因之一。

我一直认为，做人和为学在"道"的层面是相通的，都需要"真"（诚挚和严谨）；但在"术"的层面，二者还是有不同的呈现方式的，那就是为人处世以"曲"为善——温文尔雅、温柔敦厚、彬彬有礼、婉约和善，研究学问以"直"为美——观点鲜明、开门见山、单刀直入、一针见血。这样且行且思且写且争（争论），几年下来，我除了因为观点不同被一些人讽刺挖苦攻击谩骂之外，也交了不少真正的朋友。比如，我曾因争论而结识了三位君子。

拙文《请称校长为"老师"》提出一个观点：校园平等，从称呼做起。因此我建议（在我的学校也的确是这样做的）无论校长还是主任，一律称"老师"。文章发表后，重庆一位叫杨德发的老师立即撰文和我商榷，他问："现在有多少老师敢叫校长为'老师'？"又说，现在不少校长根本就没上课，已经不是"老师"了，凭什么还要被称作"老师"？于是我又写了《民主校长，请从小事做起》，予以真诚严肃的回应。这么一来二去，我们越"吵"越亲热，各自的思想也越来越丰富、全面而完整——本来我俩就是从不同的侧面谈同一个问题的。再后来，2016年8月，我去重庆讲学，杨老师特意来听我的讲座，结束后又陪我吃饭，席间我俩畅谈甚欢。有一个细节让我感动：正是重庆"火炉"的季节，可杨老师为了表示对我的尊重，特意西装革履，尽管汗流不止，他却依然保持君子风度。

《最好的学校要招最好的学生？》在《中国教育报》发表后，反响强烈。赞成者如著名学者石中英先生说我提了一个"李镇西之问"；反对者则讥讽

"李镇西太扯了"。不久,《中国教育报》发表《假如最"好"学校招最"差"学生》一文提出不同的观点和我商榷,作者为厦门大学附属实验中学校长姚跃林。说实话,我当时感觉姚校长和我说的"对不上号",所以没回应,但我对姚校长行文的严肃认真心升敬意。几个月后,我读了姚校长的另一篇文章《给班主任减负比加薪更现实》,谈的是校长如何减轻班主任的无效劳动。当时我很感动,感到这是一位有人情味的校长。于是写了一篇文章回应,对他的文章表示认同和赞许。再后来,我偶然读到姚校长的大作《让教育带着温度落地》,被他富有温度的教育理念和教育实践深深打动,忍不住写了一篇书评《"人要生活在'人'当中"》,发表在《中国教育报》,而当时我和姚跃林校长还素不相识,但因为"商榷",我俩后来在微信上成了很好的朋友。

《我该如何给学生讲于欢?》在我的微信公众号"镇西茶馆"推出后,阅读量达三百万。此文在引起广泛点赞的同时,也引起不少争议。有朋友转给我一篇批评我的文章,题目是《不能继续宣扬"以暴制暴"的历史逻辑》,作者是陕西师大附中的杨林柯老师。在这篇文章中,他写道:"李镇西先生认为于欢不仅杀人无罪,而且应该成为英雄,他捍卫的是孝道,保护的是母亲,面对这种羞辱母亲尊严的恶劣行为,挥刀指向那些恶人没有什么罪过,恰恰是值得表彰的英雄行为。但这个逻辑依然是'水浒化'的了,没有走出'以暴制暴'的恶性循环。用这样的历史逻辑思考现实问题,指导普通教师对学生言说'辱母杀人案',我认为是危险的。"他还对我"自诩'法盲'"感到忧虑。

杨老师我不认识,不过"杨林柯"这个名字我眼熟,时不时读到他富有见地的文字,但这篇文章我实在难以苟同。也许是站的角度不同,也许是他没细读我的文章,总之,他说我在宣扬"以暴制暴"是严重误解了我。不过我能理解他的思路,其实他的忧虑也是我在教育中所尽量避免的,而且杨老师行文严肃却态度温和,文风很正,字里行间洋溢着君子风范。于是我主动把他的文章转发到我的微信朋友圈里以让更多人看到。我的按语是:"我虽然不同意本文观点,但我看作者态度是严肃的,没有恶意。我欢迎不同观点。只是有一点,我没有自诩'法盲',我已经被删的那篇文章中有一句'恕我"法盲"……',特意加了引号,是有特定含义的。其他不解释了，任人评说吧！"我还在他的文章后面留言，感谢他的直言，并解释："我这几天特别忙，没有时间写应对的文章了。有机会再向您请教，好吗？问好！"他很快作出回应："我没见过李老师，但读过您许多文章，也很受教，许多文章观点我是赞同的，理性、客观、温和，显示出长者风度，引导基层教师进步。但这一篇我与您观点不同，不是有意求异，而是发自内心地担心，这个世界，需要更多理性清明的公民。文中有些引述不当，是因为写这篇文章时已经看不到李老师的文章了，如记忆或理解错误，也请李老师多包涵，毕竟，人和人之间信息不对称是永恒存在的事实，误解也是世界的真实。问好！"其实，我估计在这个问题上我俩最终都没说服对方——至少他没说服我，但这不妨碍我们尊重对方。我想，求同存异固然好，有时候不求同只存异也无妨。对我来说，这一"碰撞"的收获是，我和杨林柯老师成了好朋友。现在我们每天都在微信上见面。

熟悉我的人都知道我说话很直率，包括我的文字，但我对向我提出不同观点的人向来尊重。如果对方说得对，我就接受，并致以谢意——哪怕对方语言不那么中听。举一个例子，曾有一位特级教师说我在文中自称"公共符号"不妥，我当即公开承认我说错了，并向他表示感谢。如果对方是对我观点的误解，我就当作是对自己的提醒，以后避免那种错误的观点，我同样表示感谢；如果对方确实不怀好意，阴阳怪气，讽刺挖苦，那我不理他就算了。我有更重要的事要做，哪有精力和他吵架？套用一句网络用语："理他算输！"我不能把自己降低到和他一样的人格境界。

曾经有一句话被当作法国思想家伏尔泰的名言广为流传，后来有学者考证出这话并非伏尔泰所说，而是《伏尔泰之友》的作者霍尔说的，但这句话本身是不错的："我不同意你的说法，但我誓死捍卫你说话的权利！"我想，这就是君子风度，也是学者的气度。真希望思想争鸣能够成为君子之交的标志，不同观点的碰撞能够成为真正好朋友之间的交往常态。我愿意从自己做起。

李镇西

2017年4月7日

目录 CONTENTS

不平则鸣

祖国到底多少岁？ \ 003

凭什么要我给你投票？ \ 006

我们正在毁灭我们本来追求的美好 \ 008

试问"冷血院长"陈玲 \ 012

别用"法盲"二字为陈玲的冷血开脱 \ 015

我为郎平叫好，也为傅园慧喝彩 \ 018

假话何以春风得意？ \ 022

抽象的"爱国"并不能说明什么 \ 028

抵制"正能量谣言" \ 031

谁给谁"抹了黑"？ \ 035

请饶了教育吧！ \ 041

任何靠抢夺生源而取得中高考辉煌的都是"耍流氓" \ 045

人生最大的痛苦莫过于"被耍流氓" \ 049

观点碰撞

学生给老师撑伞，何错之有？ \ 059

最好的学校要招最好的学生？ \ 062

其实所谓"好学生"也不好教 \ 066

教师和医生"没有可比性"吗？ \ 073

教师节不是"优秀教师"节，也不是"教育教师"节 \ 077

教师节需要的是改进，而不是取消 \ 080

教师从事的绝不是一项普通的职业 \ 085

教育，请别以"严"的名义对钱文忠们让步 \ 088

"人"是高于一切的目的 \ 102

虽然无奈，却有必要，且很光荣 \ 106

不是"神话"，谈何"破灭"？ \ 117

动辄标榜"教育创新"，至少是一种无知 \ 131

自由，是教育创新的前提 \ 136

有些家长为何要逃离中国教育？ \ 141

叩问教育

教育不是拿给别人欣赏的 \ 147

以人为本,还是以"证"为本 \ 149

公民教育不仅仅是公德教育 \ 153

法制教育不是"听话教育",更不是"恐吓教育" \ 155

校长应该少听课,多谈心 \ 157

这个优生打了谁的耳光? \ 160

版面费何以长盛不衰? \ 165

母校以什么为骄傲? \ 169

校名上的文化内涵和文化自信 \ 173

急功近利是教育的天敌 \ 177

世界上多数国家都允许学校体罚学生吗? \ 180

惩戒不等于体罚,但如何有效地惩戒? \ 186

细思碎想

赋予红领巾更丰富的内涵 \ 193

如何对学生进行抗战历史教育？ \ 195

追求教育的真境界 \ 199

微小而真实的善良 \ 203

陶行知研究会最该做什么？ \ 205

请称校长为"老师" \ 208

校长一定要"兼课"吗？ \ 211

民主校长，请从小事做起 \ 216

我为这张领导"靠边站"的照片点赞 \ 220

请给班主任松绑 \ 223

被勤奋的教师、家长和孩子 \ 226

真课改三问 \ 230

"办学校、做教育、当老师就必须讲正气！" \ 234

不平则鸣
BUPING ZE MING

我是教师,所以我同时是一名知识分子,更是一个公民。何况在一个真正的教师眼中,天下所有的事都是「教育」!

祖国到底多少岁？

每年国庆前后，都会在媒体上看到类似"祖国生日"这样的说法。每年都有许多人在报上纠正这种说法，但这样的错误每年依然存在。今天我又从收音机里听到男播音员浑厚悦耳且情感充沛的声音："喜迎祖国66华诞……"

如果是一个不了解中国历史的外国人，还以为中国真年轻，才66岁！这不闹笑话吗？

我不得不再次提醒：10月1日，是共和国生日，不是祖国生日。因为中国不是从1949年10月1日才开始有的。如果祖国才66岁，那么诗经楚辞汉赋哪来的呢？唐诗宋词元曲又从哪来的呢？希望同胞们不要再犯这样的错误——本来是出于爱国，说出的话却让中国五千多年的厚厚史册变成薄薄的一页。

应该说是中华人民共和国66岁生日。

曾有朋友为此和我争辩，说在现在这个特定的时候，祖国就是指中华人民共和国，也就是说"祖国"和"中国"含义一样，因此说"祖国生日"没错。所谓"祖国是对自己国家的亲切称呼。现时国人自己的国家是唐或宋或元吗？不是！是中国，是中华人民共和国。将共和国的开国纪念日（中华人民共和国国庆）作为祖国的生日（一种纪念日）是再正常不过的事"云云。

看来这个问题还有讨论的必要。有一年去北京，见到几位现代汉语研究的专家，他们在谈到汉语的误用时，一致提到"祖国生日"的笑话（当时刚好是国庆之后）。有人说我们国家是中华人民共和国，这是不错。但每一个历史时期，我们国家的政府（这是两个有联系但又有区别的概念）是不同的，那些政府所代表的国家都是我们的祖国——除了伪政权，比如汪精卫政权等。我们能够说唐宋元明清不是中国（祖国）吗？由于种种原因，政权更迭，政体更新，都是很正常的。但切不可以最新最近的政府取代一个国家过去所有的历史。如果把祖国生日定为1949年10月，这是很可怕的，这意味着中国几千年的文明史，只剩下66年了！这显然违背了误说"祖国生日"的人的爱国初衷。再说"中国"，这是一词多义，当然包含中华人民共和国的意思。因此，说"中国生日"是勉强可以的，不过一般也不这样说，因为有歧义（我的一位媒体朋友说是怕某些人钻空子，把"中国"二字赋予"中华民国"的含义），如果用"中国生日"一般都要在前面加一个"新"字，即"新中国生日"。但说"祖国生日"则肯定不对。

2004年10月我去谷建芬老师家里看望这位作曲家，提到她那首著名的《今天是你的生日，我的中国》，我说我特别喜欢这首歌。谈到创作过程时，她特意说，这首歌原来的名字叫《今天是你的生日，我的祖国》，后来许多专家提出用词不严密，她也认为"祖国的生日"这个说法逻辑不通，于是改成现在这个名字。"因为中国，毕竟也可以理解成中华人民共和国的简称"。我的祖国现在叫"中华人民共和国"，我非常热爱她！但说"祖国生日"仍然是不妥的，因为我还热爱拥有几千年文明史的祖国文化！

我想起了一个相类似的例子。1943年3月10日蒋介石出版了《中国之命运》一书，提出"没有国民党，就没有中国"的口号。中国共产党于同年8月25日在《解放日报》发表题为《没有共产党，就没有中国》的社论，批判了这本书，并在结尾说："如果今日的中国，没有中国共产党，那就是没有了中国"。时年19岁的中共党员曹火星由此创作了一首歌《没有共产党就没有中国》，并很快在解放区传唱开来。但毛泽东看了之后，认为歌名不妥。毛泽东认为，"没有中国共产党的时候，中国依然是存在的"，所以亲笔修改了歌名，在"中国"前加了一个"新"字。这就是脍炙人口、流传至今的《没有共产党就没有新中国》。

同样的道理，在没有中华人民共和国之前，中国依然是存在的。当然，在现阶段，祖国就是中华人民共和国，但不能因此说中华人民共和国66岁生日，就是"祖国66岁生日"。我想，如果毛泽东在世，他也不会同意"祖国66岁生日"这样的说法，不然，他豪迈诗篇中的"秦皇汉武""唐宗宋祖"从何而来？

所以，每年的10月1日是"中华人民共和国生日"或"新中国生日"，但不是"祖国生日"。请一切热爱祖国的同胞，不要再闹"喜迎祖国66华诞"这样的笑话了——说轻些，是闹语言笑话；说重些，是犯政治错误。

回到题目：祖国到底多少岁？这其实是问：中国的历史有多长？这个问题我们只能笼统地说"几千年"——有人说是五千年文明史，但也只是个大概；近年来，还有人说，其实确凿有据的文明史只有三千多年。因此，我们只知道中国的历史源远流长，而"祖国多少岁"这个问题是没人能够准确回答的。

当年胡风参加了新中国开国大典之后，怀着天真浪漫的激情兴奋吟唱："时间开始了……"（他没有想到，仅仅过了几年，他所说的开始的"时间"就把他淹没了）。那是诗而已。不错，1949年10月1日，中华人民共和国的成立使中国历史翻开了新的一页，但是这也只是几千年厚重史册中"新的一页""新的纪元"，而不是以零为起点的"时间开始了"——毕竟中国的"时间"（历史）不是从1949年10月1日才开始的。

2015年9月23日修订

凭什么要我给你投票？

近年来，网络投票成了一种时尚。包括政府在内的一些评选，也喜欢通过网络投票来评优选先。

我一开始就对这种方式感到不安——注意，最初只是"不安"，因为我对网络投票的真实性没有把握。后来我越来越反感网络投票了。有一次某报举行类似于"最美教师"的网络评比，记者给我打电话明确说，如果学校愿意出一笔钱，他们将通过有关公司进行"运作"，让我校候选老师的网络票数迅速名列前茅。"都是这样操作的。"对方告诉我。我却连吃了好几惊："操作"也罢，"运作"也罢，不就是弄虚作假吗？报纸代表着客观与公正，尤其是党和政府的机关报更是公信力的象征。如此"操作""运作"那是在自己抹黑自己啊！

我也经历过两次网络被投票。一次是我刚刚当上成都市规模最大的初中的校长不久，在网上参选一个什么荣誉——具体什么"荣誉"我忘记了。如果我或者我通过其他副校长在三千多师生中"动员"一番，我的得票率肯定不低，但我没有这样做。不是我有多么"高尚"，而是我心理脆弱，不好意思，因为我怕教师和学生在心里看不起我。还有一次是前几年，某报社举办一个网络评优，我作为候选人之一被网络投票。如果我在微信圈里动员动员，我相信我的无数粉丝会踊跃投票，但我没有任何动作。结果得票一直在十位数。但我心里踏实，一点都不觉得丢人。

其实，我也不是绝对不参加网络投票，如果候选人是我了解的，我当然愿意表达我的意愿。比如，我就曾为我校某位参加网络评选的老师投票，她是我校新教育榜样教师，做得很好，我当然要为她投票。我也曾为省外我熟悉的优秀老师网络投票，不是出于人情，而是出于了解。

但现在很多时候在网上的"被迫"投票，恰恰不是因为了解而是因为人情。当然没有人把刀架在你脖子上非要你投票不可，但这里的"被迫"是基于"都是朋友"，碍于情面。至于对这个候选人是否了解，那是无关紧要的。于是，选优秀成了拼人缘。而这由人缘而产生的投票结果，有何公正可言呢？可是我们的有关领导，居然就信了——其实，只要稍微有点智商的人，都懂的。只是大家都心照不宣，煞有介事罢了。

当然，网络拉票也不都是"出于私心"。也有的领导是为本单位的集体荣誉而拉票。比如，学校参评什么"市民最信得过的学校"之类的称号，校长号召全校师生，同时通过这全校师生又动员其身边的朋友投学校的票。这种做法，自然是师生人数最多的学校最占优势。校长的"号召"确实是出于"公心"，但离开了公正，这"公心"之"公"也就不存在了。

还有在网上公开为自己的孩子拉票的。我常常接到这样的短信，都是朋友发的，还附上网址："请支持一下！"我真是很为难甚至反感：我又不了解你的孩子，我凭什么要投票呢？家长这样拉票，就不仅仅是不公正的问题了。家长动用所有"人脉资源"以及七大姑八大姨帮孩子投票，这给孩子的是一种什么教育？这是不是另一种形式的"拼爹"？

面对这种反教育，我再次想到了卢梭在其《爱弥儿》中对教育者的忠告："不要在教天真无邪的孩子分辨善恶的时候，自己就充当了引诱的魔鬼。"

2015年10月22日

我们正在毁灭我们本来追求的美好

在某中学的运动会开幕式上,一个学生方队在班主任的带领下,一边喊着高昂的口号,一边迈着整齐的步伐,从主席台前精神抖擞地走过。方队前排的孩子举着一条横幅:"低调是最牛逼的高调!"也许这个班的孩子想表达一种班级自豪感吧,然而他们可能不知道,他们自以为很个性的"牛逼"二字,已经让他们班的形象黯然失色。

很难说天真无邪的孩子们有什么恶意,因为"牛逼"这个词已经成了许多人口中的常用语了,包括这个班的班主任——一个很美丽的女孩——可能也不知道这个词的本意。于是,粗鄙的语言就这样无知地侵入了校园。

侵入校园的当然不只是"牛逼",还有"傻逼""逗逼"等"逼"系列词语,还有"尼玛""卧槽""我靠""哇塞"等网络语。似乎不用大惊小怪,放眼社会,包括网络社会,这些词都很"正常",许多名人,包括我真心尊敬的文人学者,也都这样说。比如,我看过某著名画家接受采访的视频,"牛逼"时不时从他嘴里冒出来,的确"很显个性";还有我刚刚在网上看到一篇文章,内容相当不错,但题目是《谁有问题谁牛逼》。

过去不能明说,最多私下朋友间在口语里面说说的词,现在也堂而皇之地登上公共平台。比如"屌丝"和"牛逼",本来——恕我不得不明说了——指的是男性生殖器及阴毛、牛的生殖器,但现在无论男女,都喜欢大大方方地自称"屌丝",或理直气壮地说"牛逼"。包括电视台的主持人,我不止一次看到电视里女主持人毫无羞赧地谈"屌丝"说"牛逼"。

突然想到前段时间的电影《老炮儿》。该片中的主角六爷满口粗话。我曾经在微信上对此表达忧虑,说如果我的孩子还小,我是不会让她去看的。而且我相信大多数家长也会这样想。但马上有北京的朋友跟我说:"李老师,您不了解北京的胡同文化,有理解上的隔膜。"我的确不理解,为什么北京胡同的文化就是满口脏话的文化?幸好有同样是北京的朋友告诉我:"我就是在北京胡同长大的,我就见不惯这种美丑扭曲的东西!"后来我进一步了解到,其实老北京人一般不会满嘴脏话,就是骂人也要骂得优雅,不用脏字。从老舍的作品中,我们可以看到,就算是最底层的人力车夫,说话也不带脏字眼的。说脏话的,都是坏人。这是一种积淀的教养,而这份教养与文凭没有必然联系。我小时候回乡下老家,长辈之间、同辈之间以及上下辈之间,都那么客客气气,互相谦让。我不敢说他们都没说过脏话,但至少在公众场合(现在叫"社交场合"),彼此都是很文明的——他们叫"讲礼"。

不只是语言学家,还有许多有识之士已经指出,这些粗鄙语言因网络而日常化,表明了一种优雅文明正在面临挑战。我同意这个判断。这不是保守。语言"约定俗成"的规律并不表明粗鄙词汇的流行都是语言发展的必然;一个民族优美得体的语言还是应该以文明为内核。而现在,所谓"诗书之国""礼仪之邦"的百姓甚至文人,都以语言粗鄙为正常,这绝不是正常的。复旦大学中文系严峰教授说:"今天,好像你要做好人,也得带脏字,因为脏字眼好像代表你是一个性情中人。反而说话像我们以前这么文雅的,感觉有点假,人家就觉得你做作,可能是伪君子。"我认为,这种"正常"恰恰是可怕的。

还有一种情况,倒不是出于"个性"而是因为无知。本文开篇所说就是一例。这里再举一个例子,我不止一次听我身边的一些女孩说"哇塞"。心里真的不舒服,因为这词的本意非常不雅。当然,我也知道说这个词的女孩大多不知道这个词的本义,只是将这两个字当作表示惊叹的词罢了。但是,说的女孩不知道,不等于听的人也不知道。如果她们后来知道了这个词的本义，该多么脸红啊！

　　五彩缤纷的语言泡沫淹没了我们的庄严的思想与纯真的情感。我们在轻松搞笑的调侃中，失去了某些应该有的神圣与敬畏。干脆说，我们赖以娱乐的网络正在毁灭我们本来追求的美好。正如尼尔·波兹曼在《娱乐至死》一书中说："奥威尔害怕的是那些强行禁书的人，赫胥黎担心的是失去任何禁书的理由，因为再也没有人愿意读书；奥威尔害怕的是那些剥夺我们信息的人，赫胥黎担心的是人们在汪洋如海的信息中日益变得被动和自私；奥威尔害怕的是真理被隐瞒，赫胥黎担心的是真理被淹没在无聊烦琐的世事中；奥威尔害怕的是我们的文化成为受制文化，赫胥黎担心的是我们的文化成为充满感官刺激、欲望和无规则游戏的庸俗文化。正如赫胥黎在《重访美丽新世界》里提到的，那些随时准备反抗独裁的自由意志论者和唯理论者'完全忽视了人们对于娱乐的无尽欲望'。在《1984》中，人们受制于痛苦，而在《美丽新世界》中，人们由于享乐失去了自由。简而言之，奥威尔担心我们憎恨的东西会毁掉我们，而赫胥黎担心的是，我们将毁于我们热爱的东西。"尼尔·波兹曼20多年前写的这段话，当然不是针对今天网络粗鄙语言的，但我读着却很自然地想到了中国的今天，古老而典雅的汉语正在被"牛逼"与"屌丝"追杀得无路可逃，濒临绝境。——也许我言重了，但沉重的现实让我无法不悲观。

　　有朋友说："官方语言无权替代更无权逼迫强奸民间语言。"甚至还有朋友说："如果动用文化权力压制民间语言包括网络流行语的传播，这不但有悖民主自由的理念，而且是赤裸裸的文化专制。"我不同意这种说法。第一，我批评的只是粗鄙的语言形式，而非具体词汇所表达的内容。虽然语言形式总是和一定的内容相联系，但毕竟不直接绝对等同于语言内容。同一个意思，所能选择的词并非唯一。我的意思是，在表达某种思想情感的时候，最好避开不雅词汇。第二，不能把民间语言与粗鄙语言画等号。民间语言其实并不全是鄙陋不堪的，正如所谓"官方语言"未必都纯洁高雅一样。第三，对网络语言的流行我不一概反对，诸如"颜值""点赞""高大上""你懂的""也是醉了""吓死宝宝了"等等，或简洁或幽默或含蓄，丰富了语言表达，不也挺好吗？完全可以广泛使用。

还想强调的是，我这里只说的是语言形式，不涉及言者要表达的思想感情。当然，二者显然不能截然绝对分开，如果要仔细从学术上去探讨，这篇文章将没完没了，我只是大体这么说说。如果把粗鄙语言等同于民间语言，把高雅语言等同于官方语言，只要粗鄙的语言便是"民间"的，只要高雅的语言便是"官方"的，进而上升到"民主"与"专制"的"政治高度"，这是不是典型的"上纲上线"或"站队思维"呢？

当然，语言的流行与淘汰是一个很大的话题而且很学术，我不可能在这篇幅有限的短文里深入探讨；我也没那个使命更没那个能力"扭转乾坤"，让这些粗鄙语言一夜之间在生活中消失。

其实，"粗鄙"这个概念也是含混不清的，谁能界定什么是"粗鄙"？的确要警惕强权以"纯洁语言"为由实施语言专制。但我这篇文章所说的"粗鄙语言"特指赤裸裸直指男女生殖器的不雅词汇，这些词汇在公共场合日常生活中广泛运用，我还是认为不妥。当然，如果这些赤裸裸的不雅词汇在私人场合彼此开玩笑说说，也无伤大雅，因为这并不妨碍任何人，更不会产生任何社会不良影响。然而在正式的媒体上，在课堂上，在公共场合，我觉得还是不说为好。

我反对粗鄙语言在公共场合流行，也只是我个人的观点，没有半点文化权力在手的我，即使想"压制"谁也无计可施。但是，我是教师，而且是语文教师。我觉得我能做到的是：第一，我不说这些词；第二，让我的学生也不说这些词。请别给我说什么"社会环境就这样，学校和教师洁身自好有什么用"，守住我们的课堂与校园，如士兵保卫城堡一样，自然而神圣。理由我不用多说，对于教育而言，没有教师的优雅，就没有学生的优雅，而没有学生的优雅，就没有未来中国的优雅。更不用"论证"为什么社会生活中的一些话教师就是不能说！——对于一个学校来说，教师不说脏话，还需要论证吗？

2016 年 2 月 2 日

试问"冷血院长"陈玲

要论近几天公众关注的热点,我想除了奥运赛事和王宝强婚变,恐怕就得算兰州交通大学博文学院开除该院癌症患者刘伶利老师一事了。我在读《大学女教师患癌被开除事件调查》(《中国青年报》2016年8月19日)时,几次忍不住落泪。相信任何有起码良知的人,读到这样的报道都会心疼万分甚至愤怒不已。我当然知道这样的事最终还是得通过法律途径解决,简单地进行道德谴责是苍白的。但作为从教36年、既做过普通教师也当过几年校长的我,还是想问在开除刘伶利的通知上签字的兰州交通大学博文学院院长陈玲几个问题——

第一,当您签发《关于开除刘伶利等同志的决定》时,是怎么想的?能给我们说说吗?您不知道身患绝症正在治疗的刘老师无法正常上班吗?如果您真的不知道,那怎么能在事情都没弄清楚的情况下就签发了这么一份决定一位老师命运的文件呢?如果知道,那么当您在这份通知上写下"陈玲"二字时,您一点儿都没有感到不安与愧疚吗?您就没有想到写下的是"冷漠""冷血"和"冷酷"吗?如果想到了这一点,而您还能心安理得地从容签发,那我就再追问一句:那一刻,您作为人的起码的良知和人性何在?

第二,这样的事在您治下的学院是不是很多?因为当刘伶利的母亲刘淑琴因为学院没有应允继续给孩子买医疗保险而哭了时,作为您下属的人事处处长告诉她:"不要给我哭,我见这样的事情挺多的……"您认为您信任的这位中层干部说的是不是实话?如果是实话,那就说明"这样的事情"在贵院真的"挺多的",是这样的吗?这是为什么呢?能解释一下吗?坦率地说,除了对这位处长感到愤怒之外,我还好奇的是,这位不说人话的处长,是怎么被您信任而委以重任的(人事处处长当然肩负"重任"了,您懂的),能说说吗?

第三,您为什么要蔑视法律?明明法院已经判决"被告兰州交通大学博文学院于2015年1月19日作出《关于开除刘伶利等同志的决定》无效",并要求"双方恢复劳动关系",您居然还上诉?准确地说是博文学院上诉,但您是学院法人。当然,上诉是被告的权利,问题是这件事的是非曲直连小学生都能正确判断,您作为大学领导真的以为自己"理直气壮"吗?或者是您觉得自己"上面有人"而有把握上诉成功吗?但二审判决维持原判,那么无论是作为一个普通公民,还是大学领导,您所主政的博文学院都应该遵从法律,服从法院判决,恢复和刘伶利老师的劳动关系,然而您却拒不履行判决,是谁给了您公然蔑视法律的底气?

第四,您是怎么体现"大学精神"的?作为大学领导的您,应该比我更清楚。大学精神的核心是以育人为第一要旨,以全面人才教育为终极使命。育人的重点,首先是培养有抱负、有高尚人格、有宽广胸襟、有广博知识、有仁爱之心的人。这里的"人",对您来说,不应该是抽象的,而是包括每天面对的一个个具体的学生、同事以及身边的其他人。"大学精神"是一个很高大上的词,但它却体现于您生活中的每一个细节,包括您怎么对待每一个人。都说大学是文明之所,是公正、人道、博爱之所在,可您的下属刘伶利老师身患癌症却被开除,迫使身处绝境的她为了减轻家庭经济负担不得不拖着残躯在街头摆地摊,"和城管斗智斗勇"。当她作为一名大学教师尊严扫地时,您所领导的博文学院如何对得起"博文"二字?

第五,您是如何获得那么多荣誉的?我百度了一下,结果让我目瞪口呆——从2002年至今担任兰州交通大学博文学院院长职务的您,还曾获得"中国关心成长卓越贡献人物""2010中国教育管理与创新先锋人物""中国最具社会责任教育家""中国十届教育功勋人物""中国民办教育创新改革杰出教育家""感动中国十大民办教育人物"等称号。我的天!我想问问您,您连自己的下属身患绝症都没有起码的善良怜悯之心,您的"卓越贡献"何在?您的"创新"何在?您的"社会责任"何在?您"功勋"何在?您"杰出"何在?您"感动中国"的壮举和善举何在?

第六,您怎么给自己的学生和孩子讲这件事?我不知道作为院长的您是否还给学生上课,但我想至少会有给学生作报告或作"重要讲话"的时候吧?从此以后,您怎么好意思给他们讲"道德"、讲"爱心"、讲"人文关怀"、讲"公平正义"而毫不脸红?我就不相信您心理素质会那么好!如果在家里,您的孩子以及孩子的孩子问起这件事,您又怎么给他们讲述或者解释?请允许我假设——这仅仅是假设,如果哪一天,您的孩子也遭遇刘伶利老师所遭遇的无情不公,您会有怎样的感受和反应?真有那么一天,您会为今天您的作为而感到羞愧吗?

孟子说:"恻隐之心,仁之端也。"还有人说过:"一个人最伤心的事体无过于良心的死灭,一个社会最伤心的现象无过于正义的沦亡。"试问:您的"恻隐之心"在哪里?您算不算"良心死灭""正义沦亡"呢?在开除刘伶利老师这件事情上,说您是"冷血院长"不过分吧?几天前,被您无情而违法开除的刘伶利老师已经永远地离去了,您所在的学院乃至大学会因您而招致骂名,中国高等教育乃至整个中国教育将在很长一段时间里因您而蒙受耻辱。您可曾在夜深人静之时有过半点的良心不安?

陈玲院长,不奢望您能够回答我上面的问题,但我有两个小小的要求但愿能够得到满足:第一,希望您和贵院能够回到法律的轨道,依法妥善解决此事;第二,希望您能够就开除刘伶利老师一事,向已故刘伶利老师、刘老师的父母及亲属公开道歉——这也是向因此事而产生伤害感的所有善良的人们的道歉。

我期待着。

2016年8月21日

别用"法盲"二字为陈玲的冷血开脱

关于刘伶利老师身患癌症被开除一事,经过舆论的谴责与追问,兰州交通大学博文学院终于有回应了。据媒体报道,今天中午,兰州交大博文学院副院长左闯、党发育以及英语教研组副主任等在内的四位老师,来到了刘伶利的家中。他们带来了三样东西:一是坚决执行法院终审判决,恢复刘伶利劳务关系的文件;二是对人事处处长江雪芸作出停职处理的决定;三是7.2万元的工资及丧葬抚恤金补偿。

无论如何,我认为这是一件值得肯定的事。人死不能复生,所谓"恢复劳动关系"对于永远离去的刘老师没有意义了,但毕竟博文学院能够表示歉意,并采取了相关补救措施,尽管这种姿态来得太晚太晚。

我相信,所有人看到这则新闻都会问:"早干啥去了?"而我更想问的是:"陈玲为什么不出面?她干啥去了?"作为法人代表,作为违法决定的签署者,陈玲必须亲自出面向刘伶利老师及其父母谢罪!向公众道歉!

拙文《试问"冷血院长"陈玲》引起了网友们的共鸣,我在此表示感谢。同时也有朋友在留言中提醒我:"不能以偏概全,博文学院也有许多优秀老师,不能因为院长冷酷无情便否认整个学院及其广大教师。"我什么时候"以偏概全"了?我从来就没有以陈玲一个人否认整个博文学院,更没有批评兰州交通大学。从我那篇文章中找不到一个字有这个意思。当然,博文学院乃至兰州交通大学这次肯定会因陈玲而蒙羞,但这怪不了我，也怪不了别人，只能怪陈玲。正是她以自己的行为极大地损害了博文学院的社会声誉。俗话说"一颗耗子屎坏了一锅汤"，陈玲就是一颗"耗子屎"。如果因为兰州交通大学是一所好大学，博文学院是一个好学院，便不能谴责陈玲的无耻行径，这是什么逻辑？

在留言中，我还看到一些朋友说陈玲是"法盲"，说"她不懂法，最终害了别人，也害了自己"。对此，我更是万万不敢苟同。作为一名拥有博士学位的高等学校领导，身为法人代表，陈玲居然"不懂法"，谁信？退一千步说，就算最初她签发开除刘伶利老师的决定时没意识到此举违法了相关法规，那么法院判其开除刘伶利老师的文件无效，并要求博文学院恢复和刘老师的劳动合同关系，就是明白无误地告诉她："你违法了！"在这种情况下，陈玲却拒不履行法院判决。一审判决后，她还上诉，这哪里是什么"法盲"？对法律，她可一点儿都不"盲"，清楚得很呢！简直就是知法抗法！只是我到现在都不明白，她怎么有如此大的胆子，敢公然蔑视法律？她底气何来？

再退一万步，就算——我说的是"就算"——陈玲的确"不懂法"，可明知刘老师身患绝症，作为领导，她应该有起码的体恤下属的善心；作为同事，她应该有与人为善的同情心；作为女人，她应该有起码的柔软的怜悯之心。哪怕她在其中一个方面，具备一点点起码的善良，都不会在开除通知上签下自己的名字。在这里，我们不说法律，只说良心。然而，令人愤怒的是，陈玲连做人的底线都没有了。所以，无论是什么动机，凡是用"法盲"来解释陈玲所为的，在客观上都是为其恶行开脱。

很长一段时间以来，我经常听到许多人用"法盲"来评论某些违法者。比如，成都原市委书记李春城落马后，我亲耳听见我周围有人这样喟叹："唉，他其实还是做了不少好事的，就是不懂法！是法盲导致他走到了这一步！"这样的"同情"与"惋惜"真让我目瞪口呆，且不说所谓"还是做了不少好事"本身就是其职责所在，他所做的一切都是职务行为，而非周末自费掏钱学雷锋；其所谓"不懂法"实在让人不可思议——这位身居高位，常常大谈"法制观念"的贪官，居然是"法盲"，这是他个人的"悲剧"，还是中国的耻辱？连幼儿园的小朋友都知道"不是自己的东西不能要"，作为"人民公仆"的李春城难道不懂这个道理？连我这个党外群众都知道陈毅元帅曾有"手莫伸，伸手必被捉"的告诫，这句诗几乎人人耳熟能详，作为"受党教育多年"的"党的高级干部"居然"不知道"这个常识？

有一次，我的一位朋友和我谈起现在一些大学生动辄杀人，比如马加爵，比如药家鑫，比如林森浩……他说："这些人虽然是大学生，却是典型的法盲，所以要加强对学生的法制教育。"说实话，我特别反感这样的高论。且不说"大学生不懂法"本身就是个伪命题，何况"杀人偿命"自古而然！就算他们不懂法，难道这个道理都不懂吗？包括中学生弑母杀师之类，都绝不能用"法盲"为其罪恶开脱。

和"法盲"论同时被经常说起的，还有"生命教育"。我对"生命教育"一百个赞成，这里不再赘述。我想说的是，有的学生（包括未成年人）杀人犯罪，首先不是"生命教育的缺失"，而是他们良知的沦丧、人性的泯灭！说他们是"法盲"，是不懂得"尊重生命"，好像他们犯罪不是因为邪恶的灵魂，而是因为"天真""幼稚""糊涂"，这在客观上是为罪恶蒙上一层温情脉脉的遮羞布！

一般人尚且知道法律、道德，更不用说受过高等教育的陈玲博士了。她是不是"法盲"已经不重要了，重要的是，她必须为她的冷血付出应有的代价，否则社会主义核心价值观中的"公正""法治""文明""和谐"云云，对于她而言就只是写在大街上的宣传标语而已。

2016年8月22日

我为郎平叫好，也为傅园慧喝彩

前天上午，我乘坐大巴从千岛湖前往杭州，心里却惦记着里约的女排决赛。无法看电视，我便用手机分别跟我的学生和高中同学聊微信，让他们给我"现场播报"比赛情况。我一边看手机微信上的比分，一边给全车的人"转播"：22∶21、22∶22、23∶22……每一个比分都牵动着大家的心。当比分打到23∶23时，大家一起喊："女排雄起！""女排加油！"好像我们不是在大巴上，而是在里约奥运会的决赛现场。最后，当中国女排以25∶23赢得胜利时，车厢里一片欢呼！

我相信，在那一刻，整个中国都在沸腾。我感觉又回到了80年代。对我来说，以郎平为代表的中国女排就是我青春的记忆，这记忆有1981年我在大学校园的学生宿舍楼下，第一次通过小小的黑白电视看到中国女排首次获得世界冠军；也有几年后我在中学教室里，和学生一起围着讲台上尺寸稍大一些的黑白电视，见证中国女排的第五次夺冠。30多年来，很少有人像郎平那样成为能够同时让几代中国人激动、振奋和心血澎湃的偶像。前天，"郎平"二字毫无疑问成为几乎所有中国人嘴里出现频率最高的名字。套用一句时尚的话来说，她是真正的"国民女神"。

遥想当年，郎平和她的战友们第一次站在世界冠军领奖台上时，一个民族刚刚从"文革"的废墟上站起来，一个国家刚刚拉开改革开放的大幕。"十年浩劫"让许多人理想破灭，精神迷茫——《中国青年》杂志关于"潘晓来信"的讨论——"人生的路为什么越走越窄?"就是一个典型的标志。那时候,中国需要精神支柱,需要民族凝聚力,需要国家尊严感,于是"中国女排"应运而生。应该说,那时候各行各业都学"女排精神",虽然有官方的宣传意图和效应,但不可否认,对绝大多数中国人来说,"学习女排,振兴中华"是发自内心的真诚愿望。毕竟一个伤痕累累的民族太希望崛起了。

随着改革开放的推进,中国在国际体育比赛中高歌猛进:从奥运会上"零的突破"到各项赛事"捷报频传",最后成为"金牌大国"——当然也有我们至今想起来就很痛心的一些"不争气"的项目。与此同时,中国渐渐发展为世界第二大经济体。在此背景下,"女排精神"渐渐淡出了人们的视野,当然这里面也有中国女排本身一度低谷的因素,但主要原因还是人们越来越淡定从容地面对"金牌",越来越专注于体育本身而不是体育以外的"民族精神"——换句话说,我们不再动辄就把夺得金牌与"为国争光"捆绑在一起,不再简单地把体育比赛的胜利和"民族振兴"甚至"实现中国梦"画等号。我认为,这不但是时代的进步,也是一个民族的成熟。

当然,前天女排夺冠表面上似乎又重现了35年前女排首夺冠军的情景。毕竟中国女排好多年没有这么扬威世界、扬眉吐气了,这让许多人找回了"当年的感觉"。而且,和以往相比本届奥运会中国队夺金的亮点不多,现在中国女排一路过关斩将,一下便"击中"了亿万中国人的兴奋点。于是,"万众一心""热血沸腾""中国必胜""祖国万岁"……这些熟悉的短语不但又出现在媒体上,也情不自禁地出现在许多国人(比如我)的心里;一个久违的概念被唤醒了:"女排精神"。

我至今不否认"女排精神"曾经起到过的积极作用,我也曾经为"女排精神"而激动过。但是,以今天的眼光看,所谓"女排精神"从来就没有特定的内涵。我刚才百度了一下,得知"女排精神"的内涵是:"无私奉献精神,团结协作精神,艰苦创业精神,自强不息精神。"这个解释正好印证了我刚才所说的——所谓"女排精神"并没有特定的内涵。"无私奉献""团结协作""艰苦创业""自强不息"这四条并不是体育本身所特有的品质，它适用于各行各业的先进模范人物（单位）。我进而再想到，几十年来，我们盛产了许多"精神"："抗洪救灾精神""抗震精神"，甚至还有"抗非典精神"。总之，一次灾难就会诞生一种"精神"，而这些"精神"大多由相同或相似的词语概括，放之四海而皆准。我不否认精神的力量，所谓"人是要有一种精神的"；女排姑娘的胜利当然也和她们为国争光、刻苦训练、立志夺冠、顽强拼搏、不屈不挠等精神分不开，但是难道前几年女排处于低谷的时候，队员们就不愿意"为国争光"吗？难道她们就没有"刻苦训练"吗？所以仅仅有"精神"是靠不住的，还要有专业的素质与技能。郎平也说："不要因为我们赢了一场就谈女排精神，也要看到我们努力的过程。女排精神一直在，单靠精神不能赢球，还必须技术过硬。"

　　听听，这话说得多好，多实在！的确，没有过硬的技术，什么"精神"都没用！郎平本人从中国的一名优秀运动员到世界级的教练，绝不仅仅是因为有"爱国""敬业""奉献"等精神，而更有"精神"之外的品质：作为运动员，她具有高度精湛、真正"过硬"的排球技术，还具有排球运动所需要的一流的肌肉力量、速度、耐力、灵活性、柔韧性、弹跳力、调整力、心理承受能力等等；作为教练，她注重对体制的突破与创新，对新人的发现与培养，具有出众的管理能力、开阔的国际视野……她因此被认为是"中国最早具有独立意识的职业体育人"。而这一切，都与人们通常所谓的"女排精神"没有什么直接关系。

　　因此，"不要因为我们赢了一场就谈女排精神"，郎平这话值得热血沸腾的我们冷静咀嚼。更不可因为一场女排的胜利，又将中国女排的精神力量无限拔高，再次上升到"国家强盛""民族复兴"的高度。是的，当女排姑娘站在领奖台上含泪高唱国歌的时候，我们也油然产生一种民族自豪感，因而同样热泪盈眶，这是非常自然的情感；但如果因而再次把每一块金牌和"祖国荣辱"捆绑在一起，那便远离了体育。就在女排夺冠的前夜，林丹输了，无缘奖牌，但国人舆论依然把他视为英雄，没有人责怪林丹"为祖国丢脸"。这就是中国的进步。

　　我在微信上用"伟大"来评价郎平，我觉得并不过分。包括对中国女排的姑娘们，我也愿意真诚地把赞美献给她们。但是我注意到，有些文章在歌颂郎平和女排姑娘时，或含蓄或公开点名地贬低傅园慧们。比如我就看到一篇文章，批评"个别运动员对于胜负过于无所谓的态度"，还直接以中国女排为对比，说中国女排的姑娘们"虽然没有傅园慧那样的'洪荒女'段子手"云云。在这些作者眼里，只有郎平才是"满满的正能量"（其实，这个短语在我看来简直俗不可耐），而傅园慧们自然就是"负能量"了。我毫不掩饰我对这种"二元思维"的极度反感。请问，允不允许每个运动员有自己的个性？允不允许每个运动员有自己的想法？允不允许每个运动员有自己的语言？允不允许每个运动员有自己的表情？非要中国再回到千人一面万人一语的时代吗？我承认，从比赛名次上说，中国女排的金牌和傅园慧的铜牌的确"不是一个档次"，但顽强拼搏、努力发挥出自己最好的水平、从容面对胜败、让体育回到体育本身……无论中国女排还是傅园慧不都是这样的吗？20岁的傅园慧不是56岁的郎平，如果让她说出拥有丰富人生阅历的郎平才能说出的话，那不是很滑稽吗？就像如果让郎平说出类似"洪荒之力"的话也会让人感到滑稽一样。

　　我为郎平喝彩，也为傅园慧叫好。郎平让世界看到了中国人的坚毅、超越、气势如虹、横扫千军……傅园慧让世界看到了中国人的乐观、从容、妙趣横生、阳光活泼……都在"为国争光"啊！没必要以"这个"去贬低否定"那个"。中国，需要这样的千姿百态；中国体坛，需要这样的五彩缤纷。

　　这才是完整的中国，这才是健全的中国人。

2016年8月23日

假话何以春风得意？

一

2016年7月28日《人民日报》发了一篇署名"君然"的文章：《为何一写作文就失真》。作者说目前学生作文中假话太多，编造太多，"安全的模仿"太多。应该说，作者所说的问题的确是相当普遍地存在于中小学作文中。

是的，我们的学生已经很聪明很自觉地知道如何写出"有意义"的作文了——写《我最敬佩的一个人》，他们往往会习惯性地写老师，虽然老师很普通，但他会写得"催人泪下"；写《在升旗仪式上》，尽管天空实际上阴云密布，但学生依然会写"朝霞满天，红日初升"，然后是对革命先烈的缅怀和对今天幸福生活的赞美，最后想到的是自己的"神圣使命"；写景，只能是借景抒情；写物，只能是托物咏志；写事，只能写有"意义"的事；写人，只能写"心灵美"的人……

不能说这些作文中的思想不"崇高"，但这"崇高的假话"更多时候是孩子的老师和家长希望孩子有的思想，所以孩子不过是不自觉地在表达着大人希望他表达的思想；甚至作文写法也不是孩子的，而是孩子按照老师给的"葫芦"画出的"瓢"。思想是"崇高"了，但童真却没有了！

令人痛心的是，孩子在写出这些"崇高的假话"时，丝毫没有说假话的愧疚，恰恰相反，他们觉得作文就应该这样写，而且写的时候，他们可能真还觉得自己很"崇高"呢！当我们在津津乐道培养了多少擅长写"撒谎作文"的"写作尖子"时，孩子的童心已经锈迹斑斑了！

"撒谎作文"的根源何在呢？《为何一写作文就失真》的作者君然这样分析道："今天的孩子们，课堂之外的时间几乎都被各种作业、补习班、课外班占用，哪还有机会去体验比学业本身丰富得多的生活？……因此，学生作文失真的问题，实际上是学生远离生活、失去生活的问题。今天的语文教育需要更宽阔的胸怀和视野，还孩子以生活本身，方能培育出真正的情怀。"

哦，原来"撒谎作文"的源头是"应试教育"啊！

真是这样的吗？作者依据的例子是上海的一次题为"我家的传家宝"的小学生征文比赛，说在那次征文中，许多孩子写的都是"外婆留了一件补了又补的旧衣服"，进而上升到"传统美德"上。我想，写每天都置身其中的"我家"，小作者们是不需要接触社会、接触大自然的，这和"应试教育"剥夺了孩子的"空间""视野"是没有多大关系的。"应试教育"是很可恶，但"撒谎作文"用不着找"应试教育"垫背，做替罪羊，在这里，"应试教育"真的很冤枉。

二

那"撒谎作文"究竟缘何产生？有人又说，是虚假的语文教育特别是作文教学所致。这话貌似也有些道理。

多年前，我朋友给我讲过这么一件事：她读小学的儿子一次写记叙文时，写了自己回家路上被街上小流氓打劫的经过，由于是亲身经历，文章写得很生动，可以说是绘声绘色。但是，作文交上去后，老师在上面批了五个大字："不真实！重写！"于是，这位小学生只好编造——编他的自行车坏了之后，宿舍大院修自行车的大爷如何热情地帮他修车……第二次作文交上去后，他居然被老师表扬了一番！"写真人真事，说不真实；胡编乱造，却得表扬。这就是现在的作文教学！"我的朋友向我谈及此事时如此感慨。

看,"撒谎作文"就是这样炼成的。但,且慢把板子打在语文老师身上。老师何尝不知道不应该教学生说假话,但他得"为孩子着想"啊!这样的作文固然没有真情实感,但在考场上"保险",能得高分,而考分常常能够决定一个孩子的命运。所以从这个意义上看,说"撒谎作文"是"应试教育"的必然产物,似乎也不是完全没有一点道理。

然而,我依然认为,还绝不只是为了应试,老师才不得不教学生写"撒谎作文"。问题的实质在于,当一个国家被假话和套话充斥,人们失去了说真话的权利,进而也就失去了说真话的勇气,甚至到最后,连说真话的意识都没有了!这反映在教育上,便是阅读教学中的"思想一律"和作文训练中的"假话盛行"!所以,老师为孩子的安全着想,告诫孩子不要在作文中"乱说话",教学生写"保险作文",这就是很自然的了。

三

我想到了我十分敬仰的叶圣陶先生。早在1924年,先生就在《作文论》一书中鲜明地提出,作文应该写"诚实的自己的话"。他反复地呼吁:"我们作文,要写出诚实的、自己的话!"到了1978年,针对"四人帮"造成的恶劣文风,叶老作了《端正文风》的讲话,仍然疾呼:"不说套话,不用老调!"他举例分析道:"我们现在的报道里,往往有一个先进工作站或科学家讲自己的工作经验,末了,就来这么一段:'我虽然做了一些成绩,但是距离党的要求很远,我要在什么什么之下,在什么什么之下,再努力奋斗。'这叫结尾,好像是必须的。我看,这也是套话。自然,这也要分析。如果一个先进工作者或者科学家把自己的工作经验讲一通,好像自己了不起,非常自满了,当然不好。要说自己虽然做出一些成绩,自己并不满意,对党、对国家来说也做得很不够,这当然好。假如把自己做得不够好的地方在哪里,或者还有什么缺点,以及准备怎样改正缺点也写一写,这就会更好些。"

我想到了我同样十分敬仰的苏霍姆林斯基。读他的书,我常常为他彻底的实事求是精神而感到震撼。他对一切脱离实际的形式主义教育深恶痛绝。他说:"在学校里,不许讲空话,不许搞空洞的思想!要珍惜每一句话!当儿童还不能理解某些词句的含义时,就不要让这些词句从他们的嘴里说出来!请不要把那些崇高的、神圣的语言变成不值钱的破铜币!"

谁也无法否认曾参加过伟大的卫国战争并身负重伤的苏霍姆林斯基是一位真正的爱国者,但恰恰是他,这样尖锐地抨击某些形式主义的"理想教育":"儿童、少年、青年口头上会说他怎样热爱祖国,甘愿为祖国而牺牲,但是这些话本身并不能作为学生所受的爱国主义教育程度的真正标准;教育的明智在于:不要让我们的学生毫无热情地、不假思索地说出这些话来。因此,我们坚决禁止组织这样的竞赛:看谁关于热爱祖国的演讲或作文讲得最漂亮。教学生高谈阔论爱祖国,取代了教学生爱祖国,这是不可思议的事。"

遗憾的是,类似"不可思议的事"至今还在我们身边随时"庄严"地发生着。

四

但是,"撒谎"的源头仅仅在教师吗?"撒谎作文"的源头仅仅在教育吗?教育是有问题,但绝不仅仅是教育的问题。任何人都知道,撒谎是可耻的,但是以传播真、善、美为使命的老师为什么会心安理得地教学生撒谎呢?因为老师有一个心理支撑:我是为学生好!说真话倒霉,说假话才安全。

的确如此。恕我直言,我们所处的环境、社会和时代,就是一个鼓励人说假话的环境、社会和时代。且不说几十年前,说真话的人如何惨遭迫害,而撒谎造假的官员是如何步步高升,就是现在,那么多的工作报告、年终总结、学习体会,有几句真话?这和孩子写"撒谎作文"有什么不同?不对,还不如孩子的"撒谎作文",孩子毕竟还要编谎话、编故事,而大人的这些"学习体会"连编都不用编,直接抄袭就是了!可笑而又可怕的是,上面的领导谁不知道下面交上来的不少材料是谎话连篇呢?我就不相信领导的智商会那么低。可这些谎言材料居然依旧被认可并通过，岂止是"被认可""被通过"，简直是被鼓励！因此，说假话不但安全，而且讨上级喜欢，还能得到"好处"，这是大家心知肚明的"潜规则"。

每当学校迎接重要领导视察，学校都要给学生打招呼：什么该说，什么不该说，该说的又应该怎样说，总之不能"乱说"。写到这里，我得坦率地承认，作为校长，我也曾奉命要求老师对孩子们进行这样的培训。现在想起来，我不仅仅是惭愧。还有各种"正式场合"的发言，都会要求事先交上发言稿让领导审查。稍微"出格"的真话，均被一一过滤，只剩下大话、套话和假话。许多本来想说真话的人，就是这样"学乖"的。如果不"乖"，对不起，那就不要你发言。按理说，能够有发言机会的人，都是领导信任的"自己人"，可我一直想不通，有些领导怎么那么怕"自己人"说真话呢？他们为什么对自己的人民都不信任呢？

五

最近，"不忘初心"经常出现在媒体和一些领导对党员的告诫中。这四个字的本意，是提醒党员同志们随时想想自己当初入党是为了什么。如果这个提醒是针对那些当初为了共产主义事业奋斗终生而后来渐渐忘记了这个目标的党员，那么十分正确，且完全必要。我也相信，大多数党员入党时的确动机纯正，目标明确，就是为壮丽的共产主义事业和有中国特色的社会主义事业奋斗终生。也不可否认的是，确有一些党员当初入党就是为了"个人利益"，为了"升官发财"，为了"毕业好找工作"……而非为了什么主义而"奋斗终生"，他从来就没忘记过"捞好处"的"入党初心"，你叫他"不忘初心"，这不是对牛弹琴吗？如果现在把所有党员当初的《入党申请书》拿出来看，可以说，每一份都那么郑重庄严，其中当然有真诚的誓言，但绝对有不少谎言。所以，先不要去问孩子为什么作文撒谎，先问问我们大人：我们自己每天说了多少冠冕堂皇的谎话？在这样的社会环境中，我们有什么资格去谴责孩子写"撒谎作文"？

由此可见，孩子的"撒谎作文"源头不在教育而在社会，不在孩子而在大人，不在群众而在干部。如果说假话的社会风气继续存在一天，并不断被鼓励，那么孩子的"撒谎作文"就将源源不断，"此恨绵绵无绝期"。

六

最后，我愿意在这里也做一次"文抄公"，抄一抄革命导师对于说真话的论述——

马克思说："说真话，是人人应尽的义务。"（《马克思恩格斯全集》第1卷第138页）

恩格斯说："对过去发生的事情，我不能欺骗同志们。如果说我得到工人的信任，那是因为我在任何情况下都向他们讲真话，而且只讲真话。"（《马克思恩格斯全集》第37卷第340页）

列宁说："我们应当说真话，因为这是我们的力量所在。"（《列宁全集》第9卷第2页）

毛泽东说："老实人，敢讲真话的人，归根到底，于人民事业有利，于自己也不吃亏。爱讲假话的人，一害人民，二害自己，总是吃亏。"（《毛泽东新闻工作文选》第213页）

抄到最后一句"总是吃亏"时，我更迷惑了：现在那么多的人爱讲假话，他们为什么"总是"不怕"吃亏"呢？

2016年8月28日

抽象的"爱国"并不能说明什么

你来信反复说,你号召学生"抵制日货美货"是爱国的,要我理解你,支持你,并希望我也利用自己的"影响力"号召更多的人参与"抵制日货美货"。

我真不知道说什么好了。

我知道要改变一个成年人的思想几乎是不可能的。偏见比无知更远离真理,所谓"没人能够叫醒一只装睡的耳朵"。我惊讶的是,现在居然还有这么糊涂而不自知且很固执的老师!是的,你是"老师"啊!所以本来我很想劝劝你,可看见你那么执迷不悟,甚至还有几分源于自认为自己"爱国"而不被理解的悲壮,于是我便放弃了劝说。但你说你尊敬我,希望我能够谈谈我的观点。好吧,那我就坦率地简单谈谈吧。

如果是学术观点,我可以和任何人讨论甚至争论;我不是容不下不同观点。但你的认识不是学术观点,而纯粹是糊涂认识(我尽量用"糊涂认识"这样温和的表述),尤其是作为知识分子的教师队伍里还有这样的认识,我确实很惊讶。有人动辄便高喊所谓"抵制日货美货"之类的口号,说他们智商低,恰恰是一种最温和的评价。稍微有点经济学常识的人都会知道,当今时代的所谓"抵制日货"之类,主要是自己伤害自己,对外资方的影响微乎其微。可惜这个常识,你居然不知道。最近几年的所谓"抵制"活动,受害的都是自己同胞。砸烂自己同胞的车,捣毁自己同胞的店,甚至还打伤打死自己的同胞——这是当年日本鬼子在中国的行径啊!今天,日本人不敢在中国大地上这样做了,可我们一些号称"爱国"的中国人,却帮日本鬼子做了他们想做的事。所有有起码常识和良知的中国人都心痛不已。你却说那些人有"爱国心",只是"行为过激",你说你糊涂不糊涂?

我想跟你说的是,我越来越觉得,有时候,抽象地谈所谓"爱国"实在是说明不了什么的。慈禧"爱国",希特勒"爱国",红卫兵"爱国"(我刚好从那个年代过来)……我绝非讽刺他们,因为就情感和愿望而言,他们真的是"爱国"——你说慈禧不爱大清国吗?你说希特勒不爱德意志吗?所以他们的"爱国心"绝对真诚。你看慈禧太后向十一国宣战的英雄气概,其凛然正气,空前绝后;希特勒的确提升了德国的国力,而且让德意志民族有了强大的凝聚力,所以才有后来的"二战"。对了,我还想到日本军国主义者,那是个个爱国啊!"爱国"的还不只是日本鬼子,其实当时日本国内的绝大多数国民都狂热地支持政府的侵华战争,"爱国"呀!比如,"千人针"便是日本妇女表达支持战争的"感人方式"。所谓缝"千人针",就是官兵要奔赴战场时,其母亲、姊妹、妻子、情人等女性会拿着一种围腰或小背心,跑遍邻坊请一千位女性各缝一针,制作成"千人针"赠给上战场的亲人,以激励士气。1937年12月14日,日军攻陷南京的消息传回日本国内,东京市民上街举行庆祝攻占南京的提灯游行活动,全国小学放假一天以示庆祝。

但上述真心"爱国",无一例外都给所爱的国家和民族带来了灾难。真正的爱国,起码是不要损害自己的国家,不给自己国家的同胞带来伤害;从长远来说,要有利于国家走向强盛并赢得国际尊重。所以,对那些借口抵制日货美货而打砸自己同胞财产甚至伤及生命的"爱国者",怎么可能因为他们"爱国"而原谅他们?他们就是一群愚蠢而无耻的暴徒,别指望"爱国"二字会给他们披上道德的神圣外衣!

我这几天也在想:你为什么会有这种糊涂的认识呢?我相信你绝对善良,绝对纯真,绝对是个好人,之所以有这些想法,估计还是书读少了,信息来源单一,缺乏独立思考。有时候我想,连八十五岁高龄的钱梦龙老师都思想敏锐（我们经常在网上讨论这些话题，我为老先生深刻的思考而惊叹），为什么一些年轻人反而很糊涂呢？所以，我建议你尽可能扩大视野，充分占有信息，掌握常识，并运用常识去判断一些现象的是非。是的，其实对很多现象的判断并不需要什么深刻的思想，而恰恰需要常识就够了，比如"抵制日货"之类，然后自己作出辨析。

  我和你的分歧，不是学术观点的不同（如果那样，各自求同存异就可以了），而是涉及价值观、涉及国家民族的一些根本问题的分歧。我相信，我俩都是好人，都希望国家好，都热爱教育，热爱孩子，因而都有教育责任感。也正因为如此，我才给你写这么多。但愿对你有启发。如果我们当教师的都这么糊涂，怎么去引导我们的学生？又如何培养能够把我们国家带入民主富强时代的真正公民？

2016 年 8 月 29 日

抵制"正能量谣言"

最近,一篇关于"教育部新部长新建议"的文章在网上流传甚广。该文说教育部新任部长陈宝生"新官上任,对教师职业4大方向,提出13条建议"。这些"建议"包括:切实提高教师工资性收入,建立称职就应该顺利晋级的职称制度,建立教育效能及荣誉第三方评价机制,推动教师职业保护法立法工作,明确班主任工作量并建立专业荣誉制度,不断改革和完善高考制度,规范校内外补课行为……

应该说,这些建议几乎每一条都说出了我的心声,我相信也说出了绝大多数教师的期望。如果没有对教育弊端的思考,没有对一线教师的了解,显然是写不出这些有分量有质量的建议来的。但我一开始便怀疑这是一条假信息,估计是有人假冒教育部长陈宝生的名义写的。于是,我便向教育部一位我认识的官员求证:"这13条建议真的是陈宝生部长提出来的吗?"得到的回复是:"假的!"

去年网上还流传一篇《崔永元朝鲜七日》的文章,以崔永元亲历朝鲜的口吻,讲述朝鲜"见闻",并赞美朝鲜:"朝鲜人民为什么那样崇拜金家父子?因为金日成和金正日光明磊落,不搞官倒私倒,不许官员以权谋私、贪污腐化,始终把人民的利益放在第一位……"文末,"崔永元"这样写道:"今天的朝鲜人民在金正日将军的领导下,政治清明廉洁,经济独立自主,科技先进,军工体系完备,人民热情高涨,勇于奋发突进,革命斗志昂扬……如果说这30年来世界上有一个国家崛起了，那这个国家就是朝鲜！"

读着这样的文字，我目瞪口呆。我和崔永元并不熟悉，但感觉他不会有这样奇葩的观点。我向崔永元工作团队的一位熟人求证这篇文章的真伪，得到的答复是："不是崔永元写的。他早就公开辟谣了。"

中国女排奥运夺冠后不久，一封署名"郎平"的《给全国人民的公开信》在网上广为流传。在这封信中，"郎平"首先强调："荣誉是国家的，功劳是领导的，汗水是集体的，只有奖金才是个人的。"然后以自己在美国的八年经历谈"没有国，哪有家"，进而"奉劝那些个抗日老兵、越战老兵和先进工作者、铁人劳模们，日子过得再艰苦，也千万别离开你的祖国。"接下来，又说"要问我最恨谁？先恨冷血万恶的资本主义美帝，再恨唯利是图的广东商人陈家印！"结尾，"郎平"这样写道："是中国让我成为'铁榔头'。是美国让我成为'铁人'。是爱国粉让我成为'铁心'。现在，面对大家的追捧，我只有成为'铁面'。喧嚣过后，终将复归平静，一切如常。大家都散了吧。"

读完这封语无伦次的"公开信"，不用求证，我直接在后面评论道："假的！"果然，几天后郎平公开在其微博辟谣："仔细看了信的内容，我特做三点声明：第一，这篇文章完全是冒名杜撰！第二，这篇杜撰文章出现后导致的所有不良后果由该文作者承担！第三，我保留用法律手段追究此事的权利！"——这"郎平公开信"果然是伪作。

9月3日那天，一条"李登辉死了"的消息又在网上流传。之所以说"又"是因为同样的消息传播过很多次了，这次不过是借"反法西斯战争胜利纪念日"旧假重造。但这次的假造得太业余了，以至漏洞百出，识破它几乎不需要智商。比如说台湾人民得知李登辉死了的消息后，都欢呼上街游行，呼吁立刻实现"祖国统一"，还说"台湾岛已经插遍五星红旗"，而且居然还有图片……这次我把这谣言当作段子看，只有"呵呵"。

如果要继续举例，类似的假文章、假消息还可以举出很多，比如"蒋介石遗言：我这辈子最佩服的人是毛泽东"，"白岩松谈人生"的"经典语录"等等。这样的假消息、假文章似乎从某种意义上"传递"了"正能量"。因此，我将其称为"正能量谣言"。

但"正能量谣言"还是谣言，不管它涂抹着怎样的"正义"色彩。比如"新部长建议"，虽然每条都"深得人心"，老师们读后无不拍手称快，但毕竟是"谣言"，其危害性显而易见。因为它以"教育部新任部长"的名义发布，自然颇具"公信力"，让广大普通老师对教育部长的"新政"充满期待。如果这样的"谣言"没有"兑现"，这自然让普通老师对政府的公信力产生怀疑，也严重损害陈宝生部长的个人名誉。在传播过程中，有的网站还断章取义地摘录"部长的话"，将"建议"直接取个标题《新任部长说：补课总比沉溺网吧强》，这样误导读者，已经是对部长直接"高级黑"了。也许这条假消息的制造者是想以此为"民意"去向部长试探或施压，但最终的效果，除了让包括我在内的教师痛快淋漓地"叫好"之外，是达不到推动教育改革的积极作用的。

如果说"新部长建议"还算动机善良的话，那么诸如"崔永元朝鲜见闻"和"郎平公开信"这样的编造，就显得很恶劣下作了。姑且不论"朝鲜见闻"所说是否客观真实，单看其传递的"三观"便与崔永元本人的价值取向相差甚远，不了解崔永元的人会信以为真，认为他真的"胡说八道"，这对崔永元人格的损害是极为严重的。"郎平公开信"通篇似是而非，东扯西拉，逻辑混乱。稍微有点常识的人都会大跌眼镜：郎平怎么会写出这样一封低劣的"公开信"？这样的"郎平"，怎么可能率领中国女排一路过关斩将、登上世界冠军的领奖台？但居然有不少人还就信了，不然为什么一夜之间那么多人转发？可见这封信，也直接损害了郎平的声誉。这样的"正能量谣言"所产生的社会影响一点都不"正能量"，是极为恶劣的。

对于"李登辉死了"这样的假消息，我之所以还是将其称为"正能量谣言"，是因为它以"反台独"的名义出现，但这个谣言编造得太拙劣了。对如此智商几乎为零的造谣者最温和的评价是"猪一样的队友"；如果严重一点说，他们简直就是存心想破坏祖国的统一大业。

问题是这样的谣言每次都有人相信有人传播。其实，要识破"正能量谣言"并不难。首先，稍微动脑筋判断分析一下它是不是合乎常识。凭这一点，"李登辉死了"很容易判断出是谣言。其次，分析它是否符合常理。"新部长建议"单看内容足以乱真，但其发布方式显然不合常理。教育部长所谈的这么重大的改革思路和举措，按常理应该是首先通过中央电视台、《中国教育报》等主流权威媒体发布，怎么可能以小道消息的方式在网上传播呢？第三，看它传递的价值观和文字风格是不是和涉事人相吻合。"崔永元朝鲜见闻""郎平公开信"就是经不住这样的分析而露出破绽的。最后，如果可能最好作一些求证，就算不太容易直接问陈部长、崔永元和郎平，通过间接方式问问他们周围的人总是可以的，而在信息时代，这种征求往往只需一个微信或短信就可以实现。

半个多世纪前，《人民日报》登载的许多"亩产万斤"的消息，可能是最早的"正能量谣言"之一吧？它对我们国家和人民所造成的危害甚至灾难，是我们永远应该汲取的教训。而中国共产党的第十一届三中全会，正是以恢复"实事求是"的思想路线，拉开了改革开放的序幕。如果因为"谣言"蕴含着"满满的正能量"，便任其传播而不加制止，我们民族早晚还将深受其害。不造谣，不信谣，不传谣，是多年来我们对谣言的态度。而对所谓"正能量谣言"也应以这"三不"待之。"流言止于智者。"两千多年前荀子说的这句话，至今管用。

2016 年 9 月 12 日

谁给谁"抹了黑"?
——请教屯留县纪委

近日,读了山西屯留县纪委《关于对屯留县一中南校区部分教师聚餐饮酒问题的通报》(下面简称《通报》),疑问多多——也许是因为我理论水平不高,对中央有关精神吃得不透,领会不深。特请教于屯留县纪委,望能解惑。

根据《通报》陈述的事实,说是"2016年9月9日星期五,屯留一中南校区高二年级负责人段旭东、孙膑及22名高二年级班主任在学校放假后,到屯留县曙光商业街金海棠饭店聚餐且饮酒,其间共花费1390元,采取AA制付费。"仅凭这一段描述,我实在看不出有什么不妥或不对的地方。一群老师在"学校放假后",去"聚餐且饮酒",这不是太正常不过了吗?而且结账"采取AA制付费",可见与"违规"甚至"腐败"八竿子打不着。

但此事之所以能够上《通报》,屯留县纪委显然认为是有"充足理由"的,"理由"就是:"该事发生在绝大多数机关单位工作日中午时间,在社会上造成不良影响。"哦,第一,人家公务员们还在工作,你教书的不但放假,还聚餐饮酒,这种"待遇"是不是有点"僭越"?第二,在社会上造成了不良影响。我不明白,老师们吃顿饭,就能"在社会上造成不良影响",这些老师太牛啦——可现在的教师有这样的能耐吗?我进而想知道他们究竟"造成了"怎样的"不良影响",可《通报》只字未提。对此,我更加百思不得其解：是这些老师喝酒时和其他人发生了争吵甚至打架斗殴吗？或是"酒后吐真言"说了许多不符合社会主义核心价值观乃至妨碍实现伟大中国梦的"反动言论"吗？还是饭后酒驾撞死了人？

虽然没有任何"造成不良影响"的证据——连蛛丝马迹都没有，但这不妨碍屯留县纪委的同志们"经县纪委常委会研究决定，责令段旭东、孙膑在全校教师大会上公开作检讨，对参与的其他22名班主任进行集体约谈，并对该事在全县范围进行通报"。

"冤案"就是这样炼成的！

《通报》虽然没说出哪怕一点点"不良影响"的证据，却对这一群老师上纲上线、大加讨伐："屯留一中作为全县最高学府，每个教师的精神风貌和个人形象都将作为全县广大教师的缩影呈现在全县人民面前。"我想请教屯留县纪委：是屯留县最高学府的屯留一中的教师，还是屯留县最高纪检机构的屯留县纪委的同志的"精神风貌"和"个人形象"，最能呈现在"全县人民面前"？我不敢说你们平时不尊重教师，但教师在"放假后"吃顿饭，你们都这样利用权力对老师揪住不放；可在批评《通报》中又将教师的形象抬到如此吓人的"尊崇"的高度，这不是讽刺吗？这岂止是"道德绑架"，简直就是对教师进行"精神虐杀"！你们这又是什么"形象"？

《通报》还居高临下地说："上述问题本不该发生在教书育人的教师身上，该事中的24人的行为给全县教育系统及广大教师抹了黑，更与中央、省市县委关于加强作风建设的要求格格不入。"

你们先给老师们定下"莫须有"的罪名——认为老师们聚餐饮酒"违规"，然后以此为"依据"说"不该发生在教师身上"。好，那我又要请教：这些"本不该发生的事"（违规吃喝），可以发生在谁的身上呢？不就是自费吃了顿饭吗？怎么就"不该发生"呢？怎么就给"全县教育系统及广大教师抹了黑"了？你们如此夸大其词，歪曲事实，无限上纲，滥用职权，难道不是给全国纪检系统及广大干部同志"抹了黑"吗？更与党和国家长期以来倡导的尊师重教、实事求是的精神"格格不入"！

接下来，《通报》的调门越来越高，抬出了"中央八项规定"和"纠

'四风'问题"有关要求的"尚方宝剑",继续对这群自费吃饭的老师穷追猛打：什么"有极少数党员干部纪律意识、规矩意识淡漠,在制度和规矩上耍'小聪明'、打'擦边球'、玩'捉迷藏'",什么"各级党委（党组）要扛起作风建设的主体责任,不能当'甩手掌柜',严防'四风'问题反弹、回潮",什么"各级党员干部要时刻绷紧作风建设这根弦,严守政治纪律和政治规矩,各级纪委（纪检组）要切实履行监督责任,加大监督检查的频率和力度,对工作日中午饮酒、不作为慢作为乱作为等作风顽疾实行'零容忍'",什么"发现一起查处一起,发现多少查处多少,并对查处情况及时通报曝光,用身边的事教育身边的人,充分发挥警示震慑作用,确保屯留政治生态良好"。

势如破竹,万炮齐发,兵临城下,文中捉鳖,"黄河之水天上来","横扫千军如卷席"……这《通报》简直就是一篇《敦促杜聿明等投降书》式的战斗檄文。可讨伐对象却并非1948年12月在淮海战场上和人民解放军负隅顽抗的杜聿明残部,而是中国当代一群可怜巴巴的教师——他们仅仅是自掏腰包吃了顿饭,然而在屯留县纪委的领导同志看来,他们俨然就是"对抗中央"的"腐败分子",是"巨贪",是"大老虎"！

说实话,《通报》最后一段虽然大多是抄来的庄严的套话,但从理论上讲并没说错,我们对违反中央八项规定的行为是应该"零容忍"啊！对"四风问题"是应该"发现一起查处一起,发现多少查处多少"啊！对一切违规现象和腐败分子当然应该"震慑"了！但是——这么排山倒海的密集火力对着一群并没有违规的老师,是不是有点滑稽？或者说轻点儿,是不是有点文不对题、无的放矢？

说白了,屯留县纪委自以为"最占理"的就是以"中央八项规定"在纠正"四风"；可是他们忘记了,严格执行"八项规定"和纠正"四风"是党的群众路线教育实践活动的切入点,而中央明确规定：教育活动重点对象是"县处级以上领导机关、领导班子和领导干部"。这24名教师是"领导干部"吗？其中两位年级负责人勉强算是学校干部吧,可离"县处级以上领导机关、领导班子和领导干部"还差得远呢？

好吧,就算你们突击提拔了这24名教师为"县处级以上领导机关、领导班子和领导干部"，可是我从《通报》所说的"事实"中，看不出这24名教师有何违规之处。干脆说，他们根本就没有违反"八项规定"，他们的行为压根儿就与"四风"毫不相干！

想必屯留县纪委的领导同志比我更熟悉"中央八项规定"的具体内容吧！能否给我说说这群老师违反了哪项？哪怕说出一条！

刚才说了，我这里再重复一遍，"八项规定"是针对领导干部的，用来对付这一群普通老师，本来就很"奇葩"；退一万步，我们假设这群老师都是"领导干部"吧，可逐条对照"八项规定"，我并没有发现他们违反了其中任何一项呀——

他们没有"改进调查研究"吗？他们"到基层调研"没"深入了解真实情况"吗？他们去基层挂了"标语横幅"并"铺设迎宾地毯"了吗？他们没有"精简会议活动"吗？他们"未经中央批准"而出席了"各类剪彩、奠基活动和庆祝会、纪念会、表彰会、博览会"并且还讲了"空话、套话"吗？他们发了"没有实质内容、可发可不发的文件、简报"吗？他们没有"规范出访活动"吗？他们没有"严格按照规定乘坐交通工具"吗？他们没有"改进警卫工作"吗？他们没有做到"坚持有利于联系群众的原则，减少交通管制，一般情况下不得封路、不清场闭馆"吗？他们没有"改进新闻报道"吗？他们没有"进一步压缩报道的数量、字数、时长"吗？他们没有"严格文稿发表"吗？他们没经"中央统一安排"而公开出版了"著作、讲话单行本"并且到处"发贺信、贺电""题词、题字"吗？他们没有"厉行勤俭节约，严格遵守廉洁从政有关规定"吗？他们没有"严格执行住房、车辆配备等有关工作和生活待遇的规定"吗？……

亲爱的屯留县纪委领导同志，读到这里，你们是不是觉得我有点"蛮不讲理"，半点逻辑不讲？如果有这个感觉，那就对了，因为你们正是这样"蛮不讲理""半点逻辑不讲"！我不过是模拟重演你们的行径而已。你们说说，上述"八项规定"的内容，哪一条可以用来作为处罚这一群自费餐饮的老师的依据？

也许你们会说你们的依据是"厉行勤俭节约，严格遵守廉洁从政有关规定"这一条作出处理决定的。嗯，似乎有道理，"勤俭节约""廉洁从政"，可是，24人自掏腰包吃了1390元钱，人均也就50多元，这顿饭不"勤俭节约"吗？何况他们不过是教师呀，哪里是什么"从政"的公务员呢？

我在网上还看到"八项规定"的另一个版本："一、严格控制新建和装修办公楼；二、严格控制各种会议；三、严格控制各种庆典活动；四、严禁公款大吃大喝，挥霍浪费；五、严格控制用公款安装住宅电话或购买移动电话；六、严格控制各种检查、禁止形式主义的评比和达标活动；七、严格按规定配置和更换小派车；八、严格管理公费出国（境）。"以这个版本而论，这一群教师也没有资格违反其中任何一条！——如果自费50多元吃顿饭，就算"大吃大喝，挥霍浪费"的话，这简直就是给我们经过改革开放而逐步走向富裕的伟大祖国"抹了黑"！

所以，我说他们根本没违反"八项规定"，没错吧？

那他们的行为是否属于需要纠正的"四风"问题呢？我认真重新学习了有关纠正"四风"的精神，结果发现，这一群老师吃这顿饭和"四风"连半毛钱的关系都没有——

第一，不是"形式主义"；第二，不是"官僚主义"；第三，不是"享乐主义"，因为"享乐主义"在这里特指的是"领导干部安于现状、贪图安逸，缺乏忧患意识和创新精神"；第四，不是"奢靡之风"，注意，"奢靡之风"的特定含义是"主要是条件好了，许多方面做过头，大手大脚、铺张浪费"。人均50多元的一顿庆祝节日的聚餐，"奢靡"吗？

和"八项规定"一样，纠正"四风"针对的也是领导干部，而非普通党员和群众。你们扛着"精神导弹"，对准普通群众，而且是这个民族这个国家最需要尊重的群体之一——教师，听我说到这里，你们是不是有点惭愧，或者应该惭愧？

我从网上看到你们的回应，才明白你们处理这群教师的依据其实是屯留县的有关规定，即"全体机关事业单位人员不得在工作日中午饮酒"（大意如此，不是原文）。可是我要说，9月9日学校根据其实际情况下午放假，这怎么就是"工作日"呢？居然还说"学生放了假，老师不能说放假"，这简直又是胡搅蛮缠！你们的逻辑可能是，我们公务员在上班，你们教师就算是没有学生上课也不能"放假",所以不能聚餐饮酒!你们的回应还说"教师也属于事业单位人员",我很奇怪,为什么平时在许多方面教师都无法与公务员同等待遇,可在这一刻,你们却非要让教师和公务员"享受同等待遇"——再说直白一点,我不能喝酒,你就不能喝!这是什么逻辑?你们怎么如此霸道?

尤其是辛苦了一年的教师,好不容易盼来了自己的节日,能够开心地聚聚餐喝喝酒,虽然人均50多元,有些寒碜,但毕竟是过节啊!然而你们都不放过,冠冕堂皇地以"反腐"的名义,对老师们进行如此严厉的处分,你们良知何在?

你们这才是典型的"形式主义""官僚主义"!看,"四风问题"你们就占了"两风"!你们并没"改进调查研究","到基层调研"并没"深入了解真实情况",看,"八项规定"的第一条你们就违反了!由此可见,作为领导干部,正是你们违反了"八项规定",存在着严重的"四风"问题。今天微信上热传一则消息,说一位山西的县委书记"发飙":"有的干部自己一身屎,还嫌别人不洗澡。"这说的是谁呀?

我特别想请教屯留县纪委的领导同志:是谁给你们的权力,把本来应该对准腐败分子的利刃,对准了应该尊重的教师,而且是正在自娱自乐过"教师节"的教师?

正是你们,给党和政府尊师重教、实事求是的形象"抹了黑"!

我的目光在《通报》结尾"充分发挥警示震慑作用"上停留良久,反复咀嚼。我闻到了这十个字散发的杀"鸡"给"猴"看的血腥味。你们是想通过处理这一群老师而"警示震慑"全县教师吧?可是,你们这样做不但不会对老师们起任何"警示震慑"作用——最多是心寒却敢怒不敢言,反而伤害了全县所有的教师,不,是全国的教师!

2016年10月12日晚

请饶了教育吧!

上个月,我应邀去一座城市讲学。结果到了之后,我感觉我是去"添乱"的。

一下飞机,来接我的教育局领导就不停地给我道歉,说哪位领导本来要亲自来接我的,但"去省里开'誓师会'了";又说,晚上本来该是哪位领导要来陪我吃饭的,但"去学校亲自'督战'去了";还说,"没办法,各单位的一把手都被要求立了军令状的,特殊时期,照顾不周请理解"。

"誓师""督战""军令状"……这些火药味十分浓厚的词,让我有一种进入"战时状态"的幻觉。我深为自己给人家平添了许多"接待任务"而感到不安,但他说:"我们是真心请您的,而且盼了很久。只是这几天刚好遇到特殊情况。"

他说的"特殊情况"就是该市正在轰轰烈烈地"创建文明城市"活动。其实,所谓"轰轰烈烈",也只是表面现象,实际上几乎人人都怨气冲天,的确有"战争"硝烟味。进入市区,我看见大街上有这样的标语:"全市人民积极行动起来,打一场创建文明城市的人民战争!"紧张之中我又感到几分滑稽:这标语真够雷人的!用"战争"的手段能够实现"文明"吗?

我从该市一些市民的抱怨中,听到了这场"战争"的一些细节——

因为上面的检查验收组即将到来,省里开了"誓师会"之后,全市上下如临大敌,立刻组织各行各业一把手开会研究对策,做"最后的冲刺",因此这个会的名称也很有喜感,叫"冲刺会"。我由此联想,在这之前应该有"吹风会""起步会""动员会"等等。而且这所有的会,"一把手都必须到场"。会上,领导都强调:"这是政治任务!""要层层追责!"

还真是"追责"了。据说在前期的一次预查中,因为铁路局的门卫没放暗访的检查组成员进去,市里便认定这是"严重的问题",因为"影响了全市的形象",按理要追究铁路局领导的责任,但因为市里管不了铁路局,便找和铁路局相关而市里又能管得了的交通局说事儿。最后的结果是处分了交通局一位副局长——这位副局长可真够冤的!

自查阶段,检查人员到了某学校,硬说墙上贴的有关"中国梦"的宣传画不够鲜艳,还有校门口灯箱上那著名的"二十四个字"的字体不够大、不够醒目,"营造的氛围还不够浓厚",不但扣了分,而且"责令"要将那宣传画撕了重贴,那灯箱也必须重做。于是,造成上万元的浪费不说,学校还得熬夜赶做,又得重新花费上万元。

因为检查是"突袭",是"暗访",所以整座城市都人心惶惶。绝处逢生,急中生智。老百姓采用了高科技的手机定位系统:先是设法搞到了检查人员的手机号,继而利用卫星定位捕捉到了他们的行踪,然后通过手机短信、微信群、QQ群将各种"情报"传递出去,让千家万户严阵以待。这简直是"消息树"与"鬼子进庄了"的现代版。

更为滑稽的是,各学校的老师被派到大街上巡逻,维持秩序,捡拾纸屑。这些老师都有课啊!对不起,"得服从全市创建文明城市的大局",但课又必须上,没办法,老师们只好根据"大局"来调整课时,同事之间互相换课,错时上课。学校好好的教学秩序被"创建文明城市"活动搅得一点都不"文明"!

孩子们更是被动员起来了。街上多了成群结队的"小卫士""小交警""小环保员"。不但如此,孩子们还被要求背诵有关"创建文明城市"的各种条文以及一些反映"我市发展成果"的各种数据,以备突然被抽查到时能够"对答如流"。平时作业就够多的了,这会儿又平添如此沉重的负担，可怜而天真的孩子们也"蛮拼的"。

……

这一切，都源于市领导的"重要指示"："不但要确保我市创建文明城市成功，而且分数排名必须全省第一！""如果哪个环节出了纰漏，一定要追究相关部门一把手的责任！"

这一来，可苦了全市所有人。劳民伤财，弄虚作假，瞒上欺下，浮夸吹牛，心照不宣……明明极为反感，却要做出很愿意很积极的样子；明明心里恨死了检查组，却不得不对着检查组点头哈腰："真诚欢迎！非常希望你们来促进我们的工作！"其实，检查组的人何尝不知道这里面作假的成分，但居然一个两个都装作不知道，一本正经，一丝不苟，一副"从严要求"的样子。

教育局一位领导对我说："学校的老师太难了！尤其是班主任，因为千根针万条线，最后都落到了班主任身上啊！我们也很痛苦，上面给我们压任务，我们不得不向学校布置……"这位领导的痛苦源于其未泯的良知。是的，学校的老师们最令人同情，尤其是班主任，他们本来压力就够大的，现在一下子又多了很多事，而且有些纯粹就是玩形式、走过场的事，还得说服孩子们去做。我想，这也是现在一些老师不愿做班主任的原因之一吧！

我很想问问该市的领导：您智商那么高，难道就看不出这所谓的"创建文明城市"是何等的荒唐吗？您为什么要玩这种貌似庄严实则荒诞的游戏呢？"创建文明城市"对于您就那么重要吗？如果这样来"创建文明城市"，就算夺得了"全省第一"，这座城市也已经很不文明了！您为什么要各行各业的人为"创建文明城市"做许多行业以外的事呢？每个行业的每个人坚守自己的岗位，把自己的本职工作做好——教师坚守课堂，医生坚守病房，交警坚守大街，营业员坚守柜台……不就是对创建文明城市最大、最好的贡献吗？

我不相信，一个城市参与创建文明城市，和老师上街捡纸屑有多大关系！少了几个老师上街捡纸屑，这"文明城市"就"创"不成了吗？一个以严重干扰学校教育秩序为代价所换来的"文明城市"，还会有半点文明的气息吗？一个让下面的人弄虚作假得来的"文明城市"，真的会让市民们有哪怕一丝幸福感吗？

我常常听到一些教育局长、中小学校长和普通教师感叹："我们真心热爱教育，可我们常常不得不做许多教育以外的事，因为谁都可以管住我们！有时候忙了一天却都不是在忙教育，而是在应付非教育的事。真正用于教育的时间太少了！"一个局长曾跟我抱怨："市里把招商任务分摊到各局的头上，我们教育局去年就被摊派了一千万元的招商任务！如果完不成，我这局长的工资就会被扣。结果去年，我这个教育局长大部分时间都在为完成招商任务而抓狂！"一个校长曾跟我抱怨："上周，公安局一个处长来我校，要求我们建设禁毒示范校，整个学校环境都得围绕禁毒宣传来打造；上个月，环保局领导来我校，要求我在全校搞一次节水征文大赛；上半年，交通局领导来我校，要我们学校搞一次'做文明出行好市民'的主题活动……这些事我当然不想做，但不敢不做，因为年终考核卡着学校。我经常就被这些事折腾得无法思考学校的管理和教育！"一位老师向我抱怨："上周一的早读，我本来是布置学生诵读文言文单元的古诗文，结果学校突然安排我让学生学宪法，还说有电视台来摄像；今天中午突然接到通知，说下午要组织学生进行消防演习，也有电视台来。我的两节语文课呀，又泡汤了！"

写到这里，我不知说什么好了，但我还是想苍白无力地呼唤：请把教育还给教育！请把学校还给学校！请放过师生吧！请饶了教育吧！创建文明城市，我举双手赞成。因为我知道"全国文明城市"称号是反映城市整体文明水平的最高荣誉称号。"全国文明城市"是所有城市品牌中含金量最高、创建难度最大的一个，是反映城市整体文明水平的综合性荣誉称号，是目前国内城市综合类评比中的最高荣誉。——谁不希望生活在这样一个文明城市里呢？但创建的过程应该是真实自然，水到渠成，至少不作假，不扰民，特别是别折腾教育。

否则，这样的"文明城市"不要也罢！

2016年12月9日

任何靠抢夺生源而取得中高考辉煌的都是"耍流氓"

题目套用的是一句流行语。"耍流氓"三个字当然有些夸张，但也绝非没有道理。因为现在的确有几近于"耍流氓"的教育。

曾经听一位公办初中的校长谈办学经验，他说："要办好一所学校，除了先进的办学理念、优秀的师资队伍和一流的学校硬件之外，关键还要有一流的生源！"我一听就乐了，心想：只要有了"关键的"，前面的统统可以不要！

虽然相当一部分校长都把抢夺"优质生源"放在办学措施的极其重要的位置，但这么公开作为"经验"来讲的校长并不多。更多的时候，我们听到校长们讲的都是"教育公平""教育均衡"，而且还签订"坚决杜绝招收择校生"的"承诺书"。所以，这位校长这么不加掩饰地把"一流的生源"当作"办好一所学校"的"关键"条件，还是有几分"可爱"的，用有些人的话来说，就是"至少不装逼"。只是——如果我们单单停留在"不装逼"的地步，那我们的教育实在是太畸形、太可悲了。

我一直想不通：义务教育阶段的小学和初中，有什么理由去选择甚至抢夺"优生"？如果有人要质疑我这个质问，我不想多费口舌与之争论。《中华人民共和国义务教育法》第十二条明确规定："适龄儿童、少年免试入学。地方各级人民政府应当保障适龄儿童、少年在户籍所在地学校就近入学。"可见抢夺"优生"尽管违背良知，但这首先不是一个道德问题，而是一个法律问题。"免试入学""就近入学",已经说得很清楚了,没有讨论的余地,更没有争论的空间。

可现在各种变相的幼升小、小升初的生源大战依然硝烟味浓烈,"技巧"五花八门,"策略"层出不穷。有的初中甚至可以直接将五年级的"优生"提前弄到本校"衔接性"就读。还有教育局明确规定,统一调研考试成绩前多少名的孩子均送到某名校就读,以此"保证"其"教学质量"!这些做法往往都打着"素质教育改革"的旗号,冠冕堂皇地进行。还有一些更为上不得台面的抢占"优生"的下作手段,我这里都不好意思说。

如此垄断"优生",三年后的中考自然"辉煌"。你好意思说是你的教育成果?但人家就有那么好的心理素质,当然会说如此成绩的取得是与学校的"教育改革""内涵发展"分不开的,丝毫不谈几年前极不光彩的"招生策略"。义务教育阶段的如此行径,任何"素质教育"的遮羞布都无法掩盖其"应试教育"的龌龊!如此不要脸,和"耍流氓"有多大区别?

当然,就算是严格按片区招生,由于家庭文化背景的原因,市中心和城郊结合部的学校,其生源也会不同,这是自然形成的差别,是正常的。学校在各自的生源基础上提高教育教学质量,都值得肯定。市中心学校的中考成绩比城郊结合部学校要优秀一些,这也是很正常的,和我抨击的"耍流氓"不是一回事。但作为教育行政部门,在评估考核合格学校时,应该考虑其区域生源因素,不可一刀切地唯分数论。这方面,许多地区的教育局正是这样科学评价的。

其他的我不敢说,至少我所在的武侯区,教育局对各学校教育质量的评价,就基本上做到了根据不同学校的特点予以科学评价。比如,我曾经担任校长的武侯实验中学,88%以上的学生来自当地失地农民家庭,还有少数进城务工人员的孩子。要和市区学校纯粹比应试分数,我们的孩子肯定敌不过科分院学者、高校教授等高知家庭的子弟,但武侯实验中学连续多年(包括去年我没当校长之后)依然获得教育质量一等奖,这里的"一等奖"就包括了升学成绩在内的各种综合教育教学质量指标。我希望全国各地这样科学评价学校质量的教育行政部门越多越好。

上面，我说的是初中。那么，作为非义务教育阶段的高中招生，是不是就可以去抢占"优生"呢？这个问题相对比较复杂。从法规上讲，高中作为非义务教育，是允许择优招生的，就像大学招生一样。但应该在规则的范围内择优，而不可为了抢生源而践踏规则，不择手段。现在的问题恰恰是这样，违规跨地区招生、公办学校"民办化"招生、用重金购买"优生"、办"超级中学"以"垄断优质生源"，进而不惜违规办学以开疆拓土将这种做法蔓延到全国各地……凡此种种，严重破坏了教育生态，败坏了教育声誉。在一些地方，两所或几所实力相当的"重点名校"为了抢夺生源，校长不惜撕破脸皮大打出手，真是斯文扫地！

为了所谓的"高考辉煌"，一些学校不但用重金"收购"中考状元以及名列前茅者，而且承诺：三年后考上清华北大等名校再奖励几十万。如此靠钱买来的"高考辉煌"，你好意思说是你的"教育成果"？还是那句话，人家的"心理素质好极了"，有什么不好意思说的？

为了抢生源，有的高中校长简直到了低三下四、卑躬屈膝的地步。有一年某市中考成绩公布后，"中考状元"家一下涌进了好几个重点高中的校长！这些校长围着学生家长苦口婆心地劝说，希望他能够把孩子送到自己的学校就读。家长不胜其烦，只好躲避。但校长们竟然围追堵截，甚至蹲守在其家门口。最后这位父亲火了："你们还要不要我正常生活了？再这样，我就报警了！"看，教育沦落至此，真不知是谁的耻辱！

还有一种很奇葩的"耍流氓"，也让人大开眼界。十多年前，某校高三毕业生中一下考上了十多个清华北大，轰动一时，媒体争相报道"素质教育硕果累累"。后来该校一位高三班主任私下跟我说，这批学生四年前——注意是"四年前"而不是"三年前"——就是以"非常规手段"（这个概念给人以无限的想象空间）招收来的，第一次高考他们的分数就已远远超过了一本线，但离清华北大的录取线还差那么一点点，于是学校动员他们再读一年，冲刺清华北大。这一年当然有丰厚的物质待遇，而且考上清华北大更有一笔巨额奖金。本来这些孩子就很聪明、很拔尖了，这么"一回炉"自然会在第二年的高考中"一鸣惊人"。后来的结果证明了该校领导的"战略眼光"是何等的"英明"！

可如此"战略",只会让我感到恶心,我觉得这就叫"耍流氓"!而当今中国,如此"耍流氓"的学校绝不止一所两所,这是当地政府默认甚至纵容的结果,或者干脆说,是政府与学校一起"耍流氓"!

以上,我说的都是公办学校,而对于靠市场生存的私立学校来说,情况有些特殊。根据法律法规的规定,民办学校可以自主确定招生的范围、标准和方式。也就是说,即使是小学和初中,择优招生也是允许的。但是,尽管如此,民办学校的招生也不能乱来,必须有相应的源于法律法规的规范,使之有序进行。

全国各地的生源大战,已经和教育没有关系了,只关乎赤裸裸的利益,有的地方有关"名校"之间为了这"利益"而互相攻击诋毁,已到了丑态百出、丝毫不顾师道尊严的地步。而这"利益"和大多数普通学校不抢或无法抢"优生"的老师无关——他们每天面对着"名校"不要的孩子们,认认真真地备课、认认真真地上课、认认真真地批改作业、认认真真地找孩子谈心……到最后,可能还"颗粒无收"。他们的付出不比那些"名校"的老师少,他们的教育智慧也未必就不丰富,只是因为生源的关系,他们没有"再创新高"的"中高考辉煌"——连这样的机会和可能都没有,因而也就与各种"质量奖"无缘。我们的教育行政部门,不能亏待了这些教育的老实人,否则,真如当年武松所叹:"冷了弟兄们的心!"

2017年4月17日

人生最大的痛苦莫过于"被耍流氓"
——为绵阳某女教师的悲壮陈词点赞

一、就这一点点"不安",凸显了我们内心深处的良知

《任何靠抢夺生源而取得中高考辉煌的都是"耍流氓"》一文激起了强烈的反响,包括招来个别人的谩骂,完全在我的意料之中。

首先声明:不择手段"抢生源"就是"耍流氓",这个观点,我至今没变。

鉴于有的评论者的评论,今天再次强调三点:

第一,义务教育阶段的小学和初中去抢夺"优生",这首先不是一个道德问题,而是一个法律问题。《中华人民共和国义务教育法》已经明确规定"免试入学""就近入学",因此这个问题没有讨论的余地,更没有争论的空间。

第二,非义务教育阶段的高中,可以择优录取,但"择优录取"不等于不择手段地"抢夺生源",而是大家遵守规则有序竞争。

第三,高等教育择优选拔,包括美国和世界著名高校在全球招生,和我抨击的基础教育的种种招生乱象显然不是一回事。有人居然把这两者当作一回事来批评我,我只能"哑口无言",哑然失笑。我不明白这些朋友的逻辑是怎样"跳跃"的,思维是怎样"跨界"的。

因此,批评也是一门技术活儿,起码要概念清晰、逻辑严密吧?把义

务教育和非义务教育混为一谈,把基础教育与高等教育混为一谈,把守规则的择优录取与"耍流氓"的不择手段混为一谈,我丝毫看不出这些朋友们和我遵循的是人类同一的逻辑思维规则。

其实,招生乱象几乎无处不在,没有绝对的"净土"可言;而且作为教育者几乎人人参与,没有绝对的"君子"可言——包括鄙人!我当然没干过那些恶心的"招生"行径,但认真细想,我也有过不安的时候。沿着这个思路细究起来,会涉及许多深层次的问题,可得花点时间,套用一句领导讲话的结束语:"由于时间关系,今天就不展开说了!"以后有机会,我一定"展开说"。

刚才说了,"我也有过不安的时候"。我相信,相当多的老师,甚至可以说是绝大多数老师,还有校长,都曾经或正在"不安"。就这一点点"不安",凸显了我们内心深处的良知其实并未泯灭。是的,在一个污浊的环境中,谁都不可能是"干净"的。但有人心安理得,甚至以"不干净"为荣耀;而有的人则因"不干净"而羞愧自责。人人都在"耍流氓",但有人真的从心里就认为"就该耍流氓",认为"耍流氓"也是本事,因而争取主动地、有创意地"耍流氓";而有人却觉得不该"耍流氓",自己"耍流氓"是被逼无奈——是"被耍流氓"!

二、"我们只是想认认真真地全心全意地呕心沥血地教书"

这是我看了网上流传的《忍无可忍!绵阳女教师怒斥教育局局长!》视频后的感受。从现场不断响起的掌声和喝彩来看,这位女教师的陈词说出了绵阳绝大多数老师的心里话,那么我说绝大多数老师都是"不得不被'耍流氓'",应该不算判断失误吧?

网上传出"绵阳教师维权行动"时,我没有评论,因为我对情况不了解,不能仅看网上的一面之词。后来,绵阳市委撤销了绵阳市教育局的处理意见——正是这个处理意见引发了老师们的"维权过激反应"。这至少说明之前绵阳市教育局的处理是错误的;现在再看了当时绵阳市教育局和老师们座谈会上某女教师的发言,我觉得我有相对全面客观的依据对此事发表评论了。

这次绵阳教师维权行动的目的，并非宣示高中招生中种种"抢夺生源"的做法有理，也不是否认这是违规行为，而是抗议教育局"选择性处罚"很不公正。女教师也认为，如此"招生"是不符合教育本质和规律的，但是"早就没斯文了，何来'斯文扫地'？"女教师认为"抢夺生源"属于教育乱象，但她一针见血地指出，绵阳教育乱象的根源和始作俑者正是绵阳市教育局！绵阳市教育局选择性处罚，难以服众。她说：

"现任局长曾经是学校校长，也曾让教师屈辱地斯文扫地去招生，那么现在你当了局长了，应该考虑如何结束这乱象，却没有！"

"因为违规成本很低，所以大家都去违规。可这次却如此重地处罚南山中学。既然要处理，就请曝光所有的违规学校！为什么要让两所学校的老师兵戈相见？"

"绵阳的教育乱象应该引起市长的重视！我们愿意高贵地站着，不愿意这样卑微地跪着。但是我们现在连站着的机会都没有了，非要用棍子把我们的膝盖打断，让我们跪着。"

"是什么让老师们走到了这一步，沦落到这个程度？"

她最后代表维权行动的老师们向教育局局长提出："第一，如果认定南山违规，处分我们认了，但请彻查是否只有南山才违规？不要对南山另眼相看，只希望给南山一个公平。第二，希望政府主导招生制度改革。否则，绵阳的教育乱象永远不可能结束。"

这两条才是这次"维权行动"的老师们完整的诉求。

女教师这样结束她的悲壮陈词："现在，老师有一半的精力用在了尔虞我诈、你欺我骗、你拉我抢上。有多少人的精力能够百分之百地用在教学上？请给我们所有老师一个单纯的、一个可以放得下一张讲桌的地方。我们都不愿意这样招生了！我们今天来的目的，就是希望绵阳的老师以后都能够和'招生'二字挥手告别。我们只做一件事，就是认认真真地全心全意地呕心沥血地教书，教好书，为所有的学生服务！我是绵阳人，是土生土长的绵阳人，我自己受的教育得益于绵阳这个教育平台，我的人生理想也来自绵阳的老师，我以我自己的方式来回馈绵阳教育给予我的滋养。我也希望有一天有更多的学生记住,在绵阳这块土地上,他们得到的只有美好,没有龌龊,没有肮脏,没有不公平,没有不公正!"

三、充满人性的教育就这样成了弥漫硝烟的战争

如此肮脏的"招生"行为并非老师们所愿,老师们希望这样的"招生"永远和他们无关,老师们只想干干净净地教书!这就是女教师最想表达的心声。

她的陈词不断被掌声打断。这热烈的掌声中,蕴含着多少老师的多少无奈、多少屈辱、多少悲愤?他们何尝不知道激烈的"生源大战"是多么反道德,是多么反教育,是多么"耍流氓"!但由于种种原因,他们不得不"反道德""反教育""耍流氓"。他们并非心甘情愿地去做那些恶心的事,但他们不得不去做。人生还有比这更痛苦的"被耍流氓"吗?

似乎应该怪校长,因为学校招生工作是校长在策划、在部署、在指挥,学校的所有员工都听命于校长。没有校长的安排或者默认,没有哪个教师会去做违反规则又昧良心的事。可是,一校之长肩负着整个学校方方面面的压力,除了安全压力,最大的压力就是"质量压力"了。而在目前的语境下,所谓"质量"就是分数,就是"升学率",如果"应试成绩"下降,教育局那一关就过不了,整个学校综合考核等级就会降低,随之而来的"质量奖"就会受影响,次年的招生又会受冲击,如此"恶性循环",任何校长都不敢视"质量"为儿戏,必然拼上老命地抓"质量",而"抓"的第一个环节,自然是"抢占优生"。其他学校都这样做,谁不这样做谁是傻瓜!于是,所有校长都被绑在了"应试教育"的战车上而无法停下来。战车之间互相绞杀,本来并肩战斗的同行成了你死我活的仇敌……充满人性的教育就这样成了硝烟弥漫的战争!

看来,正如女教师所说,一切的根源和始作俑者是教育局。因为游戏规则是教育局制定的,游戏的裁判是教育局,最后裁定胜负的——考核学校办学质量——也是教育局。可以说,无论教育思想、教育战略、教育发展乃至具体的教育改革项目,都是教育局在主导着。所有校长都说要"办

人民满意的教育",其实他们更多的时候情不自禁想的是要"办局长满意的教育",校长不这样想不行啊!因为局长对学校的影响太大了,学校的一举一动都得让局长满意,否则就谈不上任何"发展",甚至生存都成问题。而相对来说,如果教育局教育思想端正,教育行为科学,似乎是能够营造出一个良性的教育发展环境的,是可以不以师生人性扭曲、健康受损为代价取得"教育成就"的。

看来,这板子应该打在教育局局长的屁股上。且慢,我刚才说的是"似乎是能够营造出一个良性的教育发展环境的……",这就说明问题还没那么简单。局长也有一肚子的难言之隐:如果不通过集中"优生"办好一所"名校",那些"优生"就会外流到区外,而本区的"优质生源"流失,将造成市里对本区教育成绩评价的低下——流失那么多的"优生",高考中考会好到哪里去呢?这个责任局长可承担不起啊!何况局长上面还有分管副县长、副区长或副市长,他们是悬在局长头上的一把刀啊!是的,本区域的"教育质量"(其实就是"升学率")是县长、区长、市长的重要政绩,他们承担不起"教育质量"在自己任期内"滑坡"的责任,于是自然会给局长们施压。可是,能够说"应试教育"的一切"罪恶"都由县长、区长、市长承担吗?试想一下,如果真的哪一年本地区的"高考上线人数"骤然下降,就算其仕途不受影响(也未必),那社会各界还不把县长、区长、市长骂死啊!从这个意义上看,看似决定一个地区教育走向的政府官员,其实早就身不由己地被社会绑架了!

四、这是一个永远无解的"死结"

但谁是"社会"?是媒体吗?党媒姓党,哪个媒体敢因为高考升学率下降而骂领导?是商场、医院、邮局、电影院、农贸市场吗?我们什么时候听见过这些场所的人因教育而骂过领导?如果这些地方真有人骂的话,那他肯定是学生家长。对了,其实,这个"社会"更多的时候就是学生家长。各行各业,千家万户,因为家有读书的孩子,便与教育有了直接的联系,便有了指责教育、要求学校、干涉教师、痛骂"当官的"的"自由"与"权利"。人人都在骂教育不公,其实有人之所以感到"不公",是因为他没有得利。如果他得利了,所有人都认为不公的事他都认为"很公正"。骂"招生"不公?可是如果他的孩子进了他想进的学校,哪怕是通过不正当手段进去的,他也觉得很"公"。骂学校教师给学生的负担太重?可是当学校按素质教育理念减轻学生负担,周末不补课时,首先反对的是学生家长!被称作"高考工厂"的某"超级中学"之所以能够在全国扩展,其动机和动力并非局长、厅长,更非校长、教师要求,而是"家长的需求"!可以这么说,这么多年来学校各项改革的最大阻力,是来自家长。正是由千千万万个具体的家长构成了某种特定的"社会",这个"社会"绑架了市长,绑架了校长,绑架了教师,绑架了教育!

且慢,好像家长也"有话要说"呢!比如关于"择校",由于历史的原因,客观上形成了小学和中学的优劣之别,而现在却不许家长们"择校"而一律"就近入学",如果刚好家门口的学校很差,家长们便觉得自己孩子生不逢"地","太吃亏"了,自然会去"择校"——这就是"名校"的"社会需求"。又如关于加重孩子的负担,家长也在抱怨:"我愿意让我的孩子受罪吗?那是考试逼着我不得不逼孩子啊!不管什么教育,不管什么改革,现行高考制度依然如旧,那一切都没用!"这似乎成了某种"社会共识"——高考是万恶之源。

但真的这么简单吗?难道取消了高考就解决问题了吗?如果中国真的取消了高考,会是怎样不堪设想的后果?

还有人认为,"罪恶"的根源是人口众多与资源稀缺的不可调和的矛盾;还有人认为,这都是中国传统文化惹的祸:"万般皆下品,惟有读书高"的"余毒"导致了"范进"和"孔乙己"绵绵不绝;还有人认为,一切源于"体制"——"教育体制"乃至"政治体制";等等。

这是一个永远无解的"死结"!

五、我们每一个人都是产生这"罪恶"的土壤

我这篇有感于绵阳女教师发言而写的文字,无力解开这个"死结"。

我只想表达一个意思，如果说现在教育有"罪恶"——所谓绵阳的"招生乱象"只是其中之一，而且这种乱象显然绝不只是绵阳的"教育特产"，那么，我们每一个人——教师、校长、局长、厅长、市长、省长，更有每一位学生家长，都是产生这"罪恶"的土壤，或者说，我们都从不同角度在不同程度上参与了这"罪恶"的制造。

不要仅仅归咎于"制度"，所有的"制度"都是人制定的，也要靠人去执行。没有相应素质的人，再好的教育思想和教育制度也不配享受。有一句话很流行也很经典："雪崩时，没有一片雪花觉得自己有责任。"如果——当然，我这样"如果"实在是太理想化因而太苍白了——我们每一个人都从自己开始反思并改变自己的教育行为，如果人人都这样想这样做，中国的教育是不是会有些许希望？

曾经我博客上的签名是："李镇西，一位悲观绝望的教育理想主义行动者"。很多朋友不理解。现在应该理解了吧？虽然悲观，但理想不灭，且愿意在行动上做一点算一点。

"微斯人，吾谁与归？"

2017年4月21日深夜

观点碰撞
GUANDIAN PENGZHUANG

真希望思想争鸣能够成为君子之交的标志,不同观点的碰撞能够成为真正好朋友之间的交往常态。

学生给老师撑伞，何错之有？

最近，被冠以"最霸气女教师出游，小学生为其打伞遮阳"的几张照片在网上火了。许多评论充满"正义感"："现在的老师也真是牛了！""霸气女教师，你摆的什么谱？""感情你是国家领导人了？"……还有的评论矛头直指撑伞的小学生："小小年纪就知道拍马屁！"

我得知这事的第一个反应，是回忆我从教30多年中有没有让学生给自己撑过伞。想了很久，确定我从来没有过。但我反而更加"不安"起来，因为我的许多行为，其"恶劣"程度远远超过了让学生给我撑伞——

我曾经让学生帮我搬家，而且不止一次；我多次和学生摔过跤，把学生紧紧地压在下面；和学生一起吃了饭，我让学生帮我洗碗；有一年出差，学生送我去火车站，他们帮我背包；至于让他们帮我抱抱作业本，或去办公室帮我拿拿粉笔，或者……哎呀呀，太多了。我越想越后怕，同时也很庆幸：幸好以前拍照摄像没这么方便，而且也没有互联网，否则我不知会被"人肉"多少次！

所谓"后怕"所谓"庆幸"当然不过是调侃而已。实际上，当我回想起这些往事，涌上心头的是温馨是幸福。我说过，只要师生之间互相信任，嬉笑怒骂皆成教育。现在，我还想补充一句，只要师生之间彼此依恋，举手投足都是真情——

我让学生帮我搬家，是因为我把他们当作我的哥们儿了，他们也为能够给李老师搬家而开心。我把学生压在下面,是因为他们也曾把我压在下面——但无论谁压谁,共同的感觉都是"痛并快乐着"。我让学生帮我洗碗,是因为周末我请他们到我家玩,一起包饺子,饭后有的洗碗,有的扫地,俨然一家人了,哪还有什么师生之分?去火车站的路上,孩子们帮我背包,他们幸福我开心,彼此都被感动着,哪有一丝所谓的"霸气",所谓"拍马屁"的气息?

我写这些,无意标榜自己多么"爱学生",而是想说,当师生关系到了一种境界,就很难说究竟是谁在为谁"付出",或者说谁"伺候"谁。我相信,许多普通老师都有一肚子这样温馨的故事,这就是我们和学生平常再普通不过的生活。这是我们共同的情感、共同的爱,朴素而又纯净。同时,还很自然。比如最近网上热传的小学生为老师撑伞的照片。孤立地看照片,"这位女老师手里拿着扇子,戴着墨镜,全程无表情……"似乎这老师很冷漠,很摆谱。当然,如果苛求一些,这确有不妥。比如如果拒绝孩子就好了,或者撑着伞搂着孩子一起走就好了,等等。如此心安理得地享受比自己弱小的孩子撑伞,看着是不那么"为人师表"。

但这不是摆拍,这就是真实的生活。我们并不是随时都一本正经的,再高大上的老师也有随便随意的时候。在拍照之前或者之后,也许也有过笑容,有过亲昵,而恰好这个"瞬间"和"横切面"没有——真实而不虚假,自然而不做作。虽有不妥,但没有犯错。略有遗憾,但作为极普通的一个生活常态,也不值得大惊小怪,更不应上纲上线。

问题是,上网了曝光了,于是有关部门便"高度重视"了。据媒体的跟进报道,很快,上海市宝山区教育局便就此事回应称,经调查,被打伞的老师确认为上海宝山顾村中心校的,学生为老师打伞一事属实,撑伞学生称是自愿为老师打伞。该局责成学校对其进行批评教育,并要求各单位加强师德师风教育,提醒广大教师严于律己,注意言传身教、关爱学生,积极营造师生相互尊重的和谐氛围。

真不知道说什么好了!我只知道,孩子帮老师撑伞,已经是一种"和谐氛围"了。这绝不只是我一个人的"主观偏见",在我的博客上,许多网友留下这样的评论:

小学生帮老师撑伞，多美好多可爱，这会有什么问题吗？

老师爱学生，学生就会爱老师，这实际上是一种爱的表达方式。

是一幕充满温情的师生情景，被好事者伤害了。

……

媒体报道中还提到："这位女教师平时和孩子关系比较好。"我相信。如果没有平时对孩子的爱，这位老师会收获孩子自愿帮自己撑伞的爱？我这不是主观推断，有该事件最新进展为证——

在强大的舆论压力下，女教师在接受记者采访时说"我错了"，同时流泪说道："现在舆论一边倒，说我的行为不好，这个我也是承认的，校长怎么处理，教育局怎么处理我都是接受的，因为的确是我个人的问题。但是，我也看到有些言论是攻击小朋友的，我希望你能帮到我，就是让他们不要再评论（哽咽）小孩子，他们还小，都只有十岁左右。我很担心的，因为他们其实不懂的，很单纯的。"

这段话我读得很感动也很心酸。自己被舆论声讨，还担心孩子，这不是爱心吗？然而，这么一位从教才三年的年轻教师，却仅仅因为随性了一回，因为没那么"严于律己"，便被领导批评，被网络示众，被"全民"声讨……我为我们的教师感到一种锥心的痛。

真不知道，从今以后，那可爱的小男孩和这纯真的女教师如何相处？

但我想对孩子说：你很乖很可爱，继续这样爱老师吧！

我想对女教师说：千万不要因此而放弃你的教育理想！

我还想说：那些攻击小朋友"拍马屁"的人，心态是扭曲的，因为他们以自己并不干净的精神世界去揣度孩子纯洁的心灵。

而这几张照片的偷拍者和上传者则是可耻的——什么心理？这么阴暗！

2015年5月6日夜

最好的学校要招最好的学生？

如果我问："为什么最好的医院收治的都是最难治的病人？"估计人们的答案是一致的："一流的医院条件最优越，设备最先进，关键是集中了专家名医，所以谁家有了危重病人或绝症患者，首先想到的当然就是那些响当当的著名医院著名医生啦！"

的确，每个地区"最牛"的医院收治的都是其他医院难以治好的病人。老百姓看中的是这些医院里的名医，而所有名医之所以是"名医"，就是因为他们能够治最难治的病人。这是所有名医的价值和尊严所在。

那么教育呢？众所周知，至少就中学而言，全国所有高升学率（包括高"一本率"高"名大学率"）的名校，无一例外又是当地高密集高垄断的"优质生源"学校。这种现象其实我们早就习以为常了，甚至觉得是"正常"的；但和医院一比，我们是不是觉得有点不对劲儿？难道名校和名教师的价值和尊严就是靠教"好教"的学生体现出来的吗？

医疗和教育当然有各自的特点，但就从业者（医生或教师）的专业含量与职业尊严来说，应该有相通之处，那就是面对的职业对象（病人或学生）越难（难治或难教），对从业者（医生或教师）的专业水平要求就越高。但我们看到的却是，最好的医院收治的都是最难治的病人，而最好的中学招收的却是最好教的学生！

什么叫"好教"？我们似乎还先得界定一下"优秀生"的含义。简单地说，所谓"优秀生"是指品学兼优的学生。但"品"太抽象，无法量化，因此通常人们说的"优秀生"往往指的是能够用分数衡量的"尖子生"。这类学生不但考试成绩优异，而且往往天资聪颖。从升学的角度讲，比起成绩平平甚至学习困难的学生，他们更容易在中高考中成绩优异、名列前茅，当然更"好教"。

也许有人会反驳说，名校招收的"尖子生"其实并不好教。正因为这些学生成绩优异，天资聪颖，所以对教师的素质要求更高，更富挑战性，所谓"高智商的学生需要高智商的老师"，因此"优秀老师"教"优秀学生"是理所当然的，是"好钢用在刀刃上"。

这个观点貌似合理，隐含着的潜台词却是，对天资平平的孩子和"后进生"的"提升"要容易得多，对教师的要求也不那么高，所以对一般学生来说，没必要配备那么优秀的教师，这也是"理所当然"的——我就亲耳听一个名校校长对一普通学校的青年教师说："你这么优秀，却在那样的学校守着那样的学生，说轻些是'浪费人才'，说重些是'糟蹋人才'。"

名优教师教"尖子生"的价值当然不可否认。如果对名校的评价标准不是简单地看其绝对的升学率和升学人数，而是看其学生的"增值幅度"，那么我们的确还不能简单地说"优秀学生"就更"好教"，因为"尖子生"已经很出众，教师的主要任务不是让其学好，而是让其好上加好，出类拔萃。学生学习基础越好，学习能力越强，学习天赋越高，"提升空间"也就越来越有限，教师让学生在其原有基础上"增值"就更加困难。从这个意义上说，优秀的学生的确有其"难教"之处。

但目前中国对基础教育学校的评价标准，事实上大体还是以分数论英雄，以升学论成败。拿这个标准衡量，"难教"的绝对是"后进生"，而不是"优秀生"。以高考为例，在普通学校甚至薄弱学校，高一新生都是被各级名校一遍遍淘汰剩下的，这样的学校三年后哪怕有一个学生考上大学都非常困难，如果考上了应该是"意外"或者说"奇迹"；而那些在招生中"掐尖"甚至是用"收割机"大面积收割最拔尖学生的名校，三年后学生"成建制"地考上清华北大，实在是理所当然。但是，我从来没有听见过一所"高考辉煌"的名校说过他们之所以"辉煌"是因为生源好。

我曾经在一流的重点中学教过书，也在普通中学教过书；我曾经教过生源最好的班——学校为升学竞争而办的重点班（当然，名字不叫"重点班"而叫"实验班"），也曾经带生源一般的普通班，还带过集中了许多"差生"的"后进班"。如果以升学率的标准来看，教普通班和"后进班"显然比教"实验班"不知要吃力多少倍——后者往往事半功倍，而前者往往"事倍"还未必"功半"。因此，普通学生和"后进生"远远比优秀生更考验教师的综合素质。这是常识。

有人可能会以"因材施教"来肯定"好学校招好学生"的正当性。可我要说，如果是大学这样做有其合理性，因为高等教育正是根据学生不同的知识基础、学习能力和天赋资质施以不同的专门教育，以培养出专门的人才，所以大学分为"一本""二本"还有专科等等，各层次大学的招生分数线都不相同，这无可厚非。但我们这里讨论的是基础教育。

什么叫"基础教育"？就是对所有适龄孩子进行"基础知识"的教育，其基本属性是公平与均衡。所谓"因材施教"的原则，在基础教育阶段应该体现在教师对同一学校同一班级不同特点的学生采取不同的教育方法。换句话说，"因材施教"四个字是教师的教学智慧和教育艺术，而不是"招生政策"——在中小学义务教育阶段，就把学生分为三六九等，以"优胜劣汰"的原则将学生"分流"到普通学校、重点学校、一流名校等拥有不同不等教育资源的学校。如果说靠市场生存的私立中小学抢招优质生源情有可原的话，那么用公民纳税的钱所办的公办中小学也这样做，实在是说不过去。凭什么要把本来属于全民的公共优质教育资源集中在少数学校，让少数"优生"享受呢？这哪里是什么"因材施教"？简直就是明目张胆的教育不公！

是的，如此"因材施教"已经严重远离教育公正，使名校和普通学校、薄弱学校之间的差距越来越悬殊。因为有了大量的名师优师，又招收了大量"优质生源"，学校在升学率上自然每年都"再创新高"，这样的学校的教师也自然凭着"突出的教学成果"有更多的评上名优教师的机会，于是这样的学校又吸引了更多的名师优师和"优质生源"；而普通学校特别是薄弱学校，则留不住优秀老师，"优质生源"也往往流失，学校的升学率自然难以与那些名校相比,于是,想调离的老师越来越多,愿意在这样的学校就读的优秀学生越来越少……这是一种恶性循环,而且这种恶性循环还在继续。更可怕的是,在某些地方,教育行政部门事实上是在默认甚至纵容这种恶性循环!这就是许多地方都出台了许多遏制"择校生"的文件和相关措施,但实际上"择校生"现象依然存在甚至愈演愈烈的重要原因。

我曾经在微信上就这个问题请教顾明远老师。顾老师说:"我认为,能够教优等生的教师未必能教后进生。其实,能把后进生教好的教师才是有真本领的教师。但是我们的评价制度,谁去评所谓薄弱学校的教师当特级教师?这就是教育中的马太效应,也是教育中的悖论。"

顾明远老师说得太好了!是呀,"谁去评所谓薄弱学校的教师当特级教师?"在薄弱学校的优秀老师拿得出"过硬"的升学成绩吗?拿得出"为国争光"的各种学科的国际奥赛金牌吗?拿得出各种眼花缭乱的这个"大奖"那个"大奖"的荣誉证书吗?虽然薄弱学校的教师对学生的付出一点都不比名校教师对优秀学生的付出少,甚至更多,但他们永远是"垫背的",永远"靠边站"。这是教师的悲哀吗?当然不是,那么是谁的悲哀呢?

教育的良知告诉我们,所有孩子都需要优秀教师,"后进生"更需要优秀老师。只有能提升普通学生和"后进生"的老师才是真正的优秀老师。如果一个老师只能教优秀学生,他不是真正的优秀老师。正如顾明远老师所说:"能把后进生教好的教师才是有真本领的教师。"

我愿意重复一遍我的疑问:"为什么最好的医院收治的都是最难治的病人,而最好的中学招收的却是最好教的学生?"

谁能回答我?谁又能破解这个难题?

而破解这个难题,也许是中国基础教育走向优质均衡发展的希望所在。

2016 年 4 月 21 日

其实所谓"好学生"也不好教
——再谈"最好的学校"和"最好的学生"

一

拙文《最好的学校要招最好的学生？》在《中国教育报》发表后，引发了热烈讨论。说实话，这在我意料之中。我本不想再说什么，因为毕竟我精力有限；但几篇围绕拙文展开的讨论文章引发了我一些更深入的思考，于是，今天我再谈谈这个话题。

首先要说明的是，我的这篇文章是评论性质的随笔，不是论文，有些概念可能不那么"严谨"。比如，什么是"最好的学校"和"最好的学生"？如果是写博士论文，这两个概念就得引经据典洋洋洒洒写好几千字也未可知；但在当下的社会语境中，"最好的学校"就是指升学率高的学校，而"最好的学生"就是指能考上大学甚至名牌大学的学生。如果你非要给我大谈"最好的学校是让不同学生都能成为'最好的自己'的学校"，"最好的学生应该是德智体美劳全面发展、综合素质强的学生"，要我"更新"或"树立"对学校的"评价观"和对学生的"成才观"，那我只能说你字字在理。但我这里谈的是一种客观存在的教育现实——"分数才是硬道理"，对很多学校和学生来说都是如此。

"为什么最好的学校招收的都是最好教的学生"的发问，和所谓"高中教育的合理分流"也没有半毛钱的关系，和教育公平有关系。而"教育分流"和教育公平根本就是两个概念，遗憾的是有讨论者恰恰把二者混淆了。我当然知道普职"分流"与"对接"的伟大意义。但常识告诉我，人为扩大学校之间和地区之间的基础教育差距不是"合理分流"，把学生按成绩分为三六九等因而在招生时"嫌贫爱富"不是"合理分流"，不择手段地"掐尖"抢"优生"不是"合理分流"！所谓"合理分流"是根据不同的知识基础、个性爱好、潜能特点乃至职业倾向，而引导学生初中毕业后跨进不同类型的学校——或职业高中，或普通高中。这里很重要的，是指"不同类型"学校之间的分流，而不是同为普通中学之间的"生源大战"，如果普通中学之间这种"弱肉强食"的"生源抢夺"都叫"合理"，那是"强词夺理"之"理"。

二

"为什么最好的学校要招收最好教的学生？"我这个问题，让不少重点中学的校长和老师不服气——比较客气的说法是"不敢苟同""有待商榷"，不客气的说法则是"这简直就是教育上的仇富"。他们觉得我否认了他们的辛勤劳动。——说真话，我的确认为，其实所谓"好学生"也不好教呢！

举个简单的例子。让一个每次都考零分的"差生"，成绩提升几十分，当然不容易；但让一个每次都考98、99分的优生再继续提高一分，更难。何况对"尖子生"来说，教师的任务还不只是让其分数继续提高，更是全方位开发智慧，培养创造力。也就是说，"尖子生"已经很出众，教师的主要任务不是让其学好，而是让其好上加好（这个"好"的含义当然是综合素质），出类拔萃。学生学习基础越好，学习能力越强，学习天赋越高，"提升空间"也就越有限，教师让学生在其原有基础上"增值"就更加困难。从这个意义上说，我们不能简单地断言"好学生"就"好教"。教育圈里不少众所周知的名校，的确也在培养超常儿童、天才孩子方面进行了卓有成效的探索，这是教"好学生"的价值所在。我对名校这些真正富有爱心与智慧的优秀教师发自内心地敬佩不已。培养拔尖人才，对国家发展和民族振兴的意义实在是不可低估。

  但是，第一，我们现在的教育评价，基本上还是只看升学率，而不看所谓"增值幅度"，因此包括那些名校之间的竞争，也不过是由"一本率"变为"名牌大学率""清华率""北大率"甚至"常春藤率"。在这里，著名"牛校"和薄弱学校的"足"，不管其白嫩或粗糙，统统都乖乖地穿上同一款式同一尺码的鞋——这双鞋的名字叫"高考升学率"。第二，即使是对尖子生的"增值教育"，也不能被某些名校垄断，难道普通中学的老师就只配教"名校"淘汰的学生？有人说，薄弱学校的教师"素质低"，把"优生"交给他们"真是可惜了"。我要说，所谓"素质高""素质低"，这是"名师"们长期教"重点班"，而"素质低"的老师长期面对"名师"们不要的学生使然。如果一开始这两类教师就交换一下位置，情况会如何？必然是这些"名师"一文不名，而被人不屑地讥为"素质低"；同时那些"素质低"的老师身价倍增，无限风光。"王侯将相，宁有种乎？"如此扭曲的教育，不但把学生分为三六九等，也把同为"人民教师"的从业者分成了"牛气冲天"与"灰头土脸"。教育之不公，最可怕的还不仅仅是学生承受的不平等，更有教师承受的不平等。

三

  我当然不至于天真到希望撤销现有"名校"以实现教育的"均衡与公平"，这是不可能的。当今中国绝大多数名校有着高贵的"历史血统"，因为大多是百年老校。百年以来，好多名校已经成为当地的"文化圣地"。百年以前没有义务教育，这些名校几乎也都是私立学校；而当时能够读中学的孩子，一般都至少具备两个条件：家境殷实，天资聪颖。因此百年之后，校史上涌现出几个十几个甚至几十个伟人、名人、院士，再正常不过了。这种历史积淀赋予了名校社会吸引力，加上近二三十年政府"奋力推进"这个"战略"或"着力打造"那个"工程"，再辅以诸如"争创国家级重点中学"之类的"大手笔"，名校更是如虎添翼，更加雄踞一方，一览众山小。"优秀教师"趋之若鹜，"尖子学生"蜂拥而至。于是，"最好的学校"招收"最好的学生",或者反过来说,"最好的学生"争进"最好的学校"便理所当然。"名校"由此而成为"牛校"。

到了这个地步,任何名校的校长,想不招优生都不可能。校长哪敢成为"毁掉名校声誉"的"千古罪人",包括我?王栋生老师说:"李镇西如果在一所名校当上校长,他是不是仍然会坚持招生低分学生的主张?笔者不敢判断……"其实,王老师完全可以判断,我自然不敢的,因为学校不是我的,是国家的,而国家的需要就是我的使命(这么庄严的话在这里说出来有点黑色幽默,怪怪的)。在这个浮躁的时代,作为校长的我必然也会去争抢"优质生源"的。但说实话,我会很难受。而为了避免这种难受,最好的办法就是千万别当重点中学特别是名校的校长。所以十年前,有教育局领导让我去某著名重点中学任职,但我不敢去,便直言(不是"婉言")谢绝了领导的信任,而去了城郊的武侯实验中学这所以当地失地农民和进城务工人员子女为主要生源的涉农学校。后来媒体曾把这当作我"毅然放弃了"什么同时又"毅然投身于"什么的"高尚行为"来宣传。我说:"千万别,我不过是想躲避而已,这恰恰是一种自私的行为。"

四

似乎扯远了,还是回到说名校存在的现实。如果现在为了所谓"教育公平"而人为地弱化这些"名校",打个比方,好比是对某一区域著名文化景观的破坏甚至摧毁,这显然是不尊重历史也违背民意的愚蠢之举。

但是我认为,尊重"名校""牛校"的现实存在,却不得不注意两点——

第一,"名校"在宣传高考成就时不要浮夸,不要昧着良心吹牛,说什么"我校今年培养了"多少多少"进清华北大的学生"。你怎么不说你的生源有多好呢?我从来没有看到过任何一所名校在"理直气壮"地宣传高考成绩时说过,"我们之所以取得这么辉煌的成绩,是因为我们生源一流"。相反,如果考差了,倒往往会说"生源差"。这是什么逻辑?考得好,是你的功劳;考不好,是生源的问题。其实,我早就撰文说过,那些天赋出类拔萃的学生能够考上国内外著名大学，和学校当然不是一点关系都没有，但这关系实在不是你想象中那么大！"优生"主要不是学校培养的，否则，你怎么否认"生源大战"的现象？假若你可以培养"优生"，干吗还抢生源呢？你老说"我今年高三培养了好几个'清华''北大'"，那我问你：你为什么不多培养几个呢？那对国家、对民族、对人类的贡献不更大吗？所以，"名校"占据着种种天然的优势，说话一定要谨慎，要科学，要实事求是。

第二，国家，也就是各级地方政府千万不要再继续强化名校的"孤峰卓立"，也就是说，不要再继续人为地扩大名校与其他学校之间的差距。不要再继续在资金投入和硬件配备上进行所谓的"倾斜"，不要再做一些"锦上添花"的事，一件都不要做了！都是公办学校，都是用纳税人的钱，凭什么"朱门酒肉臭，路有冻死骨"？还有，在所谓招生政策上，更不要人为地"照顾"那些"名校"。就在上一篇文章发表的那一天，我在东北某偏远小县讲学，晚上县教育局局长陪我吃饭时谈起"教育不公"大叹其气："我们的市教育局就公开发文规定，各县中考的前二十名，必须送到市里上某著名重点中学去！"如此层层筛选，越基层的学校，升学成绩越不堪，老师们越没成绩感。——你别谈什么"教育的成就不只是分数"，在这里，就是"分数"，其他都是扯淡！但现在是政府在庄严地"扯淡"，这样靠"扯淡政策"维持的名校，已经不仅仅是虚假和虚伪了。如此"名校"，要它作甚？

五

如果说，上述"名校"真还有些历史的原因，还算得上是货真价实的名校；可是，近年来有一些地区竟出现了一些"人造名校"。举个例子，某地搞"教育改革"，打算"打造"（这个词用在教育上，我从来都觉得不伦不类）一所"人民满意"的初中，而且还是"高起点""高水平"的"示范学校"。怎么才能让这所连校园里移植的花草树木都还没长起来的新学校很快"名"起来呢？教育行政部门除了斥资几个亿（现在，修学校不动辄"几个亿"都不好意思说"修学校")修了一所堪称豪华的学校,还在政策上"予以倾斜":第一,要求所在辖区内的各小学将毕业班最优秀的前几名送到该校去;第二,该校可以在区内任何一所学校选招优秀教师。这两项政策意味着,这所新的学校,靠教育行政力量,集中了全区最好的学生和最好的教师。这样的学校哪需要搞什么"改革"呀?即使不进行任何"改革",趴着不动都会"硕果累累"的!我可以想象,三年后中考结束,校长和教育局肯定大谈"体制改革""机制创新""课堂模式",会"提炼""总结"出汉字加英文加阿拉伯数字凑成的各种概念——"5U课堂""8S德育"之类,唯独不会提那两条选"优生"选"优师"的"政策倾斜"。如此速成"名校",教育者和教育行政者岂止是违背教育规律,简直就是违背了人的良知。

不错,家长选择学校是"市场行为",谁愿意把自己的孩子送到不好的学校去呢?但问题是,所谓"好"与"不好"更多的是人为造成的。既成事实,当然不可能"重新洗牌",但我刚才说了,请政府不要再继续人为操控,扩大差距。还要特别说明的是,我这里讨论的教育是基础教育——再明确具体一些,是特指义务教育和公办学校。目前我国的义务教育,涵盖小学教育和初中教育。公平、均衡是义务教育的重要特征之一。这里的"公平"与"均衡"是通过"统一性"体现出来的。在《中华人民共和国义务教育法》中,"统一性"是贯穿始终的一个理念。该法自始至终强调在全国范围内实行统一的义务教育,这个统一包括要制定统一的义务教育阶段教科书设置标准、教学标准、经费标准、建设标准、学生公用经费的标准等等。在义务教育阶段,是绝对禁止"择优招生"的。高中当然不是义务教育,但作为公办学校的高中,因为动用的是财政拨款,所以依然必须体现教育公平的原则,不应该人为造成公办高中之间种种过于悬殊的差距。在招生方式上,虽然允许各高中如高考招生一样选拔学生,却必须遵守统一的规范。那种跨地区的"掐尖拔苗",甚至不择手段地"重金收购"招生范围之外的"尖子生",显然也是不应该的。除此之外的民办中小学和高等教育,不在我的讨论范围之内。至于有人说"哈佛大学、伊顿公学等世界许多著名的学校都招优生"云云,我哑然苦笑,无话可说，只借用王栋生老师对此种言论的评价："愚妄至此，几近无药可救。"

六

"为什么最好的医院收治的都是最难治的病人，而最好的中学招收的却是最好教的学生？"我愿意再次重复这个发问。这个问题不过是借题发挥，目的是想引出大家对"教育公平"的关注。我这里所指的"教育公平"，当然不是也不可能是"绝对公平"——本来这个概念就是个"伪概念"，哪有什么"绝对公平"呢？我希望更多的教育者，特别是教育行政者一起来思考并探索，如何让中国的基础教育实现基本的（不是高端的）相对的（不是绝对的）公平与均衡。这哪是什么"理想主义"和"道德要求"呢？让每个孩子都享受适合自己的最优质的教育资源，让每一个老师都能拥有源于公平教育资源的职业成就和职业幸福！这应该是所有教师应有的权利，而不应该是遥远的"中国梦"！

因此，我这个发问也不仅仅关乎"教育公平"，还有教师的职业价值与职业尊严。我当然知道医生和教师在专业上的差别和不可比性。医生和教师的职业区别，还远不只是有些校长说的"技术问题"和"综合问题"，而且是虽然都是和"人"打交道，医生面对的是肉体，教师面对的是心灵，医生着眼于消除病痛，教师着眼于传递智慧，医生的可贵在于拯救生命，教师的可贵在于提升灵魂……但是，当医生把别人没治好的病人治好作为自己的价值和尊严所在时，那些靠从来都是只教重点班的"优生"而成为"名师"的教师，是不是应该扪心自问："我的价值和尊严何在？"

2016年5月17日夜

教师和医生"没有可比性"吗？
——三谈"最好的学校"和"最好的学生"

拙文《最好的学校要招最好的学生？》提出了一个"名校之问"："为什么最好的医院收治的都是最难治的病人，而最好的中学招收的却是最好教的学生？"这引起了大多数读者的共鸣和认同。也有几位教育同仁发表文章，和我商榷"什么才是最好的学校"，谈"好学校"的标准。但我的文章的要旨并不在此。

我听到的对"名校之问"似乎"最有力"的反驳，是说"教师和医生是不可比的，没有可比性"。教师和医生真的"没有可比性"吗？

教师和医生当然是两个不同专业领域的职业。既然是不同的专业领域，自然就有各自的特殊性，即"不可比"的地方。比如，教师的工作对象是朝气蓬勃的学生，医生的工作对象是精神萎靡的病人；教师的目的是提升人的心灵，医生的目的是救治人的身体；教师主要着眼于学生的精神幸福，医生主要着眼于患者的身体健康；教师育人靠的是品格和知识，医生治病靠的是药物和手术；教师的本领在于唤醒孩子的潜能，医生的专业在于祛除患者的病痛；教育发生在孩子心智还没有充分形成发育之前，是一种对人格的主动铸造，医疗则发生在病人的身体已经出现疾病之后，是对健康的被动挽救；在教育过程中，学生并不是被动接受的对象，相反是有着自己主观精神世界的人，他和教师是一种互动关系，而在医疗过程中，病人基本上是被动听医生的，虽然其情绪也会影响效果，但一般来说,只要病人服药,自然"药到病除"……如果仔细深究,教育(教师)和医疗(医生)的不同(或者说"不可比性")还可以列出许多。

但万物都有相通之处。庖丁可以通过解牛把握世间纷繁复杂的规律;洛伦兹的"蝴蝶效应"之说能够让我们想到,一些微不足道的现象与一个组织、社会和国家所产生的巨大变化的关联……我由医生而想到教师,又有什么不可以呢?当然不是世间所有事物都可以拿来比较的。比如墨子就认为,"木与夜孰长,智与粟孰多"是不可比的。从学术上说,运用比较法有三个条件:一是必须存在两种以上的事物,二是这些事物必须有共同的基础,三是这些事物必须有不同的特性。对照这三个条件,教师与医生恰恰具备了可比性。二者的"共同基础"在于都是专业性很强的职业。

是的,无论教师与医生有多少不可比性,有一个可比性就够了:都是专业性很强的"先生"——在一些国家,教师、医生都被称作"先生";无独有偶,在我国农村一些地方,至今把医生也叫作"老师"。把医生和教师都视为"先生"或"老师",不仅因为二者都是有学问的人,还因为都是和"人"打交道。当病人家属把患者交到医生手上时,和爸爸妈妈把孩子交给老师一样,他们的眼神中的期盼与信任都是那么急切与真诚。

因为专业性强,因为面对的都是人,所以教育和医疗相通甚至相同的地方也不少。

对教师而言,无论面对的学生有怎样相同的困难,最好的教育是"因材施教"——尽管现在的班级授课制让教育还是一刀切,但目前整个教育的改革趋势恰恰是尊重个性,私人订制,比如北京十一学校的改革;对医生而言,尽管只要掌握了对付某种疾病的药物和技术,所有同类病人大体上都可以采用一套治疗方案,但从来就没有绝对相同的患者,因此最好的医疗是"因人而异"。

有老师说:"教师是个体劳动,独自完成授课和班级管理;而医生的医疗行为却是团队行动,需要主治医生、助理、护士、麻醉师以及各种医疗器械和设备的帮助。"照这个说法,学校不必有教研组、年级组、备课组,也不必强调"班(班主任)科(科任老师)配合",学校各学科的实验室和信息技术中心还有各功能教室都可以取消。我认为,虽然主治医师和班主任、学科教师的个人素质及专业技能依然无法否认，但在当代，无论医生还是教师都已不是过去的"个体劳动者"了，团队的作用已经不可或缺，集体的智慧更是至关重要。

还有老师说："医生主要针对病人的肌体，教师则针对学生的心智发展。"是的，同样是面对人，医疗更偏重于人的身体，教育更偏重于人的灵魂。但"偏重"不等于"只是"。医学曾经被认为是"纯科学"，人文性严重不足。事实上，医学应该是科学性、人文性、社会性的统一，应该浸透着浓郁的人文精神。因此，现在的医科学生都要学习生命（医学）伦理学、医疗社会学等课程。现代医学都特别倡导医学人文精神，即在医疗活动中对人的生命的关怀、人的生存质量的提高、人的情感的抚慰和人的发展的重视，其核心是"以人为本"。这和教育再次"不约而同"。教育也不仅仅是关注人的精神，同样关注人的心理发展和体质健康，尽管这种关注和医生不完全等同。苏霍姆林斯基就特别关注儿童不同阶段的生理心理特征和健康状况，教育科学就是建立在儿童发展的生理学基础之上的。因此，现在的教育显然不仅仅是纯粹的道德引领、知识传授和能力培养了，而且是关注儿童道德提升、认知发展、心理健康、身体发育等因素的综合专业。

总之，既然都是和人打交道，那么就从业者（医生或教师）的专业含量与职业尊严来说，毫无疑问就有相通之处，那就是面对的服务对象（病人或学生）越难（难治或难教），对从业者（医生或教师）的专业水平要求就越高。这就是"可比性"！

日常生活中，包括许多教师在内的人在谈到社会尊严、工作强度、工资收入、职业风险等等时，都常拿医生作比较，可是为什么面对"为什么最好的医院收治的都是最难治的病人，而最好的学校招收的却是最好教的学生"这个问题时，又说"医生和教师是没有可比性的"呢？

我知道，强调"医生和教师没有可比性"的，大多是重点名校的校长和教师，因为在他们看来，"尖子生"其实并不"好教"，这哪能和医生把病人治好比呢？对此我上一篇文章已经说得很清楚了。如果是根据"尖子生"——他们当中不少孩子天赋非常高，甚至是"超常儿童"——的特点来实施教育教学，要进一步使这些孩子提升确实不容易，我这里说的还不是考试分数的提升空间已经不大，而是说"因材施教"，将这些孩子培养成未来顶尖级的为人类作出巨大贡献的人才，显然比单纯提高"后进生"的应试分数要难不知多少倍——或者干脆说"不可比"，的确不可比。但问题是，我们现在的评价——无论是教育行政部门的评价，还是社会各界的评价，都是以高考升学率——包括不断升级的"一本率""名校率""北清率"等各种"率"——为事实上主要的评价尺度，所以，"掐尖"的"名校""牛校"绝对百战百胜，而普通学校则越来越沦为"薄弱学校"。这离我们喊了多年的"教育公平"相距何止十万八千里？要根本解决这个问题，还是要改革评价制度。对不同类型的学校，予以不同的评价尺度。你名校要"掐尖"可以，但不能将高考升学率作为你牛的依据，而应该以你培养了多少杰出人才为依据。当然，这是一项复杂的工程，显然不是我一个人拍脑袋就能设计好的，更不是一篇短文能够说透彻的了。

2016年7月15日于香港机场候机厅

教师节不是"优秀教师"节，也不是"教育教师"节

每年教师节各地都会召开各类优秀教师的表彰会，这是应该的。但教师节应该是所有教师的节日，而不仅仅是"优秀教师""特级教师""最美教师""教育系统劳动模范""有突出贡献的教育专家"们的节日。

当然，我深知，"优秀教师""特级教师""最美教师""教育系统劳动模范""有突出贡献的教育专家"是人民教师的杰出代表，因此每年的教师节，让他们在庆祝会前排就座、接受电视台采访、当特约嘉宾、上报纸头条或杂志封面是理所应当的。但是，教师节还应该属于每一位普通的教师——

他们可能一辈子都没发表过一篇论文，却兢兢业业地上好每一堂课；他们也许从来没有机会上公开课，却把一批又一批的学生送进了高一级学校；他们可能由于办学条件差、生源不理想等原因，很少有学生考上大学，但他们仍无怨无悔地爱着自己的每一个学生；他们的工资经常被拖欠，他们因此也发牢骚，但发完牢骚后仍然夹着教案走进了教室；他们给一届又一届的学生声情并茂地讲长城，讲故宫，讲"江南忆，最忆是杭州"，讲"一桥飞架南北，天堑变通途"，可他们的双脚迈得最远的地方不过是几十公里以外的小县城；他们的丈夫或妻子已经下岗因而捉襟见肘，但当自己的学生因家境困难打算辍学时他们会毫不犹豫给学生以微薄而温暖的资助；他们也会为奖金发放太少而斤斤计较，为职称评定不公而耿耿

于怀,为老母看病或小女入托而不得不偶尔"开"学生家长的"后门",但一站到讲台上面对孩子纯真的眼睛,他们就不愧为最无私最富有奉献精神的人;在早已是危房的教室里,他们不懂电脑更不懂"互联网+";面对年复一年的升学指标,他们无暇去读皮亚杰马斯洛苏霍姆林斯基;他们的教学方法既不能归入这个"模式"也不能纳入那个"体系",他们不过就是老老实实地上好每一节课,仔仔细细地批改每一道作业题;他们永远不可能入围"名师工程",相反如果按"知识经济""素质教育""信息社会"的要求来衡量,他们往往被批评为"只知道搞应试教育",被斥责为"思想蔽塞""观念保守"的"落伍者";走在繁华的都市大街上,他们朴实木讷憨厚迟钝庸俗甚至有些"猥琐",但在学生的心目中他们永远是最美丽最英俊最有才华更最有激情的偶像;沉重的人生压力使他们的腰背已经微微有些佝偻,但正是这些微微有些佝偻的腰背铸就了中国基础教育的脊梁!

我不想用"高尚""伟大"之类的词语来形容他们,我只想说他们是教育界的"弱势群体",教师节的祝福还应该献给他们!尽管比起少数显赫的名师们,他们当中的任何一个对其所在地区和学校而言似乎都是微不足道的,但对他们的学生来讲,却是绝对不能缺少的;没有这些"绿叶"的陪衬,那一朵朵教育之"花"就会黯然失色;离开了他们,中国最广泛最基层也最艰难的基础教育就得坍塌,中国教育的过去、现在和未来就绝无辉煌可言!

在一些地方,对没有获得荣誉的教师来说,教师节早已名存实亡,因此最近有老师在网上呼吁取消教师节。以前每到教师节,多数老师虽然无缘上台授奖,但毕竟还可以"雨露均沾"地得到一些慰问费(多少且不论),可搞了绩效工资后,教师节的慰问费被取消了,后来经全国总工会发文干预,许多地区又恢复了,可有的地方老师们在自己的节日里依然得不到任何"表示"。不但没有慰问费,有的地方还把教师节当作"教育"教师的"契机"。前几天,我在一位朋友的微信上看到他所在学校的教师节活动照片,横幅上写的竟然是:"庆祝第32个教师节暨四有师德教师活动启动大会"。我一看心里就火了:原来在一些领导眼里,教师节就是

"教育节"呀！什么叫"节日"？节日意味着开心快乐，唱歌跳舞，大吃大喝，开怀豪饮，一醉方休……老师们辛苦了一年，就这么个日子是自己专属的节日，应该是一个喜上眉梢、笑逐颜开、扬眉吐气的日子——至少是有尊严的日子。可现在活生生地成了"师德教育"的"启动大会"了！领导也许不是有意不尊敬老师，可客观上这样做实在是缺乏对老师起码的尊重，潜意识里还是把老师当作"教育对象"，所以把教师节当作了"教育"节！这样的领导对老师的感情，恐怕还不如一个小学生！

作为一个长期在省会城市工作的教师，我的工资从没被拖欠过，我的住房宽敞而明亮，我的学校连地面都是水磨石的，包括老师的办公室都早已安装了空调……在这样的条件下，讲"爱心"，搞"素质教育""新课改""核心素养教育"……是很容易也很快乐甚至很富有诗意的事。我得承认我远远没有抛弃这一切而自愿奔赴老少边穷地区或薄弱学校任教的思想境界，但我绝不会视眼前的一切为理所当然因而漠视我的那些艰辛的同行们，我会珍惜我眼前的一切，更加勤勉地把本来就应该做好的工作做好。今天，我翻出我15年前教师节写下的一篇文字《把祝福献给普通的老师们》，略加修改充实，再次表达我最热切也最起码的希望——

希望每一位教师都能按时领到自己的一份工资，希望每一位教师都有属于自己的完整的假日，希望每一位教师不再在升学率的水深火热中苦苦挣扎，希望每一位教师每天都能保证睡眠时间并有一个甜美的梦境，希望每一位教师每年的9月10日不再被"教育"甚至被"教训"，希望每一位教师走在大街上都能扬眉吐气，真正为自己的职业而由衷自豪，并由此使自己的每一天都是快乐的教师节……

2001年9月10日写就，2016年9月10日修改

教师节需要的是改进，而不是取消

真诚感谢许多老师对拙文《教师节不是"优秀教师"节，也不是"教育教师"节》的点赞！看来许多老师和我一样，对目前一些地方庆祝教师节的方式也有意见。从留言看，的确还有一些地区的老师没有充分享受到教师节应有的尊重与喜庆。正如我在上篇文章中所说："在一些地方，对没有获得荣誉的教师来说，教师节早已名存实亡，因此最近有老师在网上呼吁取消教师节。"不过，我要说明的是，这里，我虽然引用了一些老师的激愤之词，但我并不赞成取消教师节。

现在的年轻教师没经历过人民教师作为"资产阶级知识分子"而被歧视甚至被"专政"的黑暗年代，那时教师的地位之屈辱是现在许多年轻人难以想象的。比如，1966年8月5日，北师大附属女中副校长卞仲耘被学生打死。也许有人认为这只是一个偶然的极端例子，但我要说，那个时代教师被打死或被逼死，绝非个别。没有被打死、逼死的教师，也不但得不到应有的尊重，反而还受尽歧视甚至凌辱——教师被视为"臭老九"，学生可以任意辱骂、批斗教师。我读初中时，一次上物理课，一个学生趁老师背过身在黑板上写字，跑上去把老师的帽子揭了扔出窗外，老师面对全班学生的哄堂大笑，只能尴尬地红着脸，而不敢对"革命小将"有半点不满的表示。尽管现在也偶有学生打老师甚至杀害老师的新闻，但这和过去以运动的方式大规模地迫害、羞辱老师，是不可同日而语的。

所以，1978年在全国科学大会上，当邓小平宣布"知识分子是工人阶级的一部分"时，包括教师在内的所有知识分子欣喜若狂。1985年，当国家宣布设立"教师节"时，所有教师都感到了一种扬眉吐气的尊严。一时间，全社会"尊重知识，尊重人才"已然达成共识，而且的确蔚然成风。比如，伴随教师节而来的是教师工资上浮10%等举措。由此可见，说设立"教师节"是从国家层面"尊师重教"的战略举措，并非夸张。

当然，"教师节"设立30多年来，并未完全达到当初所期待的"尊师重教"的理想状态。比如当时有一个说法是，要让教师真正成为"太阳底下最光辉的职业"，但多年形成的痼疾难以很快消除。在一些地方，教育依然没有受到足够的重视，教师依然没有得到应有的尊重，所以，80年代后期一篇著名的报告文学《神圣忧思录——中小学教育危机纪实》才得以轰动一时，著名作家冰心甚至以《我请求》为题在《人民日报》撰文呼吁："我请求我们中国每一个知书识字的公民，都来读读今年第九期的《人民文学》的第一篇报告文学，题目是《神圣忧思录》，副题是'中小学教育危机纪实'。"毋庸讳言的是，重视教师、提高教师地位，各级政府一直在作不同程度的努力，而且不能说一点进步都没有。其他的不说，举一个我亲历的例子：上世纪八九十年代，愿意当中小学教师的很少，那时候中小学要进新教师，供选择的应聘（招）者不多；但现在，各地区每年教师公招，前来报名参考的人可以用"蜂拥"来描述，报考人数远远多于实际需要的人数。有人用"就业难"来解释这个现象，但教师这个职业比过去吃香，比过去有吸引力，这是一个不争的事实。这就是进步。

有的老师提出"取消教师节"的理由是："教师节的设立是对教师的变相歧视，说明教师并没有和其他行业的人获得平等的尊严，因为只有对弱者才专门设立节日，比如劳动节、妇女节、儿童节、护士节、记者节，等等。"这话似是而非。"是"的一面是，古今中外的确往往对弱者才设立节日，相反，我们没有听说过"总统节""总裁节""公务员节"；"非"的一面是，对弱者设立节日绝不是歧视，恰恰是期待提升其地位与尊严。这个道理是显而易见的，我不打算多说。我只想问问那些希望通过"取消教师节"而求"平等尊严"的人：取消了弱者的节日（劳动节、妇女节、儿童节等等），难道弱者（劳动者、妇女和儿童等等）就不"弱"了吗？同样的道理，取消了教师节，难道教师的地位就会更高吗？对于国家和政府来说，面对弱者，无动于衷和有所作为还是不一样的。设立教师节就是"作为"之一，虽然不是"作为"的全部。

  网上不少朋友之所以提出"取消教师节"，是基于目前许多地方对教育的重视与对教师的尊重还远远不够，因而"教师节"成了一个名存实亡的摆设。但我认为，正因为如此，教师节需要的是改进，而不是取消。如何"改进"？我个人提出以下五条建议：

  第一，扩大教师节表彰教师的范围，并改进表彰方式。教师节表彰优秀教师无可厚非，既是"优秀教师"就必然不可能人人获奖，这也是常识。但如果获奖面太窄，更多的教师便只能充当鼓掌的观众，教师节则失去了让每一位教师感到光荣的应有之意。除了综合优秀，我们能不能多设立一些单项奖，从不同的角度让尽可能多的教师都能上台领奖？每位教师站在领奖台上领的其实不是奖，而是尊严。当然，国家及省、市、区级别的表彰可能不太容易做到这一点，但作为学校一级的表彰完全是可以做到的。所谓"改进表彰方式"，我说两点：其一，无论哪一级别的表彰，一律由孩子和家长给教师颁奖，而不要由领导颁奖。这样做就是为了表明：教师的荣誉不是源于领导，而是来自自己的服务对象——孩子及其家长。其二，教师节庆祝活动一定要与"师德教育"活动脱钩，理由很简单：教师节的主题是"庆祝"，而不是"教育"。教师当然应该不断学习、不断提升，但请别放在教师节这一天。

  第二，保证教师节慰问金落实到位。搞了绩效工资后，教师节慰问金曾一度停止发放，"八项规定"出台后，教师节慰问金的发放更是严格禁止。近年来，全国各地教师节慰问金逐步恢复，老师们再次在自己节日里体会到温馨。但据我所知，全国至今还有许多地方，老师们在教师节没有得到任何慰问金和慰问品。我建议各地政府要采取强有力的行政措施，保证每年教师节每一位教师的慰问金落实到位，违者以渎职论处。（顺便说一下，至今居然还有个别地方的教师工资被拖欠，这不仅仅是耻辱，更是罪恶！但我没有将"按时足额发放教师工资"放在这里作为"教师节建议"提出来,因为这是两码事!没有教师节,也应该按时足额发放教师工资,这和有没有教师节无关。但我还是希望国家拿出反腐败那样的力度,严惩拖欠教师工资的责任人!)

第三,规范教师节收礼。教师节接受学生及其家长的礼物,这是一个敏感话题。教师利用职务之便收取甚至索要或变相索要学生家长的礼物,这肯定是有违师德的,必须明文禁止并严厉查处,以真正维护教师职业的清白。但是,对来自学生的礼物,则不可一概而论,简单地"一禁了之"。过去,一张贺卡、一个笔记本、一本相册、一支钢笔……寄托了孩子对老师多么纯真的情感啊,这些礼物也成为许多教师直到退休多年后还一直珍藏的记忆。我这里也不说"不能收学生用钱买的礼物",孩子用自己的零花钱给老师买一件并不那么贵重但很珍贵的礼品,有什么不可以呢?因为"反腐"而简单地规定"不许收礼","腐败"未必被"反"掉,师生情感却失去了一条表达的通道。我说的"规范收礼",就是说不要简单地一刀切,可以针对不同的情况作一些具体的规定,既防止家长借机贿赂老师,又不阻断师生情感表达。制定这样的规定细则当然很复杂,但只要开动脑筋,只要实事求是,只要真正尊重老师,就没有做不到的。

第四,教师节放假。我知道国务院颁布的《全国年节及纪念日放假办法》规定,只有元旦、春节、清明节、劳动节、端午节、中秋节和国庆节这七个法定节日才放假,而教师节、护士节、记者节、植树节等其他节日、纪念日,均不放假;但我同时还知道,这个《放假办法》规定,妇女节时,妇女放假半天,青年节时,14周岁以上的青年放假半天,儿童节时,不满14周岁的少年儿童放假1天,建军节时,现役军人放假半天。那么我建议,教师节时,教师放假半天,而且这半天时间最好让教师自由支配。如果由于特殊原因,教师不得不在教师节那天上班的,可执行《劳动法》规定:"法定休假日安排劳动者工作的,支付不低于工资的百分之三百的工资报酬。"

第五,所有收费景点和文博场所,免费或半价向教师开放。每年9月10日至10月10日,所有景点和博物馆向教师(含在职与退休的)免费开放一个月,平时则向持证教师半价优惠。我们平时到一些地方参观,都会看到有"军人优先"或"军人免费"的提示，心中自然会升起对军人的羡慕与尊敬。同样，如果今后全国各地到处都有"教师优先""教师免费"的提示，教师这个职业的社会地位定会在无形中提升许多。

不要问"为什么单单给教师放假？""为什么单单给教师免费？"更不要质疑这是搞所谓的"教师特权"，设立教师节本身，就是对教师职业的一种"关怀倾斜"，而只有"单单"才会让这种关怀落到实处。至于"护士节"之于护士、"记者节"之于记者是不是也要"放假"，也要"优惠"？在我看来，也是应该的，不然，设立"节日"做什么呢？

2016 年 9 月 17 日

教师从事的绝不是一项普通的职业

在讨论教师地位的时候,有一种观点颇有市场:"别神化教师,教师从事的不过是一项普通的职业。"一些老师认为这种观点是"大实话","接地气"。对这句话,我只同意一半。

我完全同意"别神化教师"。因为"神化教师"便意味着把教师视为不食人间烟火的神,夸大教师的作用,将无限的责任都加在教师身上,把"教育万能"变成了"教师万能"。一些歌颂教师的比喻:"春蚕""蜡烛""园丁""灯塔""桥梁""铺路石""摆渡人"……都在某一个侧面揭示了教师职业的本质,从一定意义上说都不错,不能说是"神化",因此,这些比喻我一直认为不能简单否定。但将这些比喻推向绝对,教师便成了无所不能同时又不堪重负的"非人",成了"神",这就是"神化"。我们呼吁"别神化教师",意味着不但承认教师也有作为人的生存需要,有正当的物质诉求,有过美好生活的愿望和权利,而且承认教师不是完人,也有自己的弱点、缺点和个性,从某种意义上说,教师和学生一样,是一直在不断成长中的人。

可是,说"教师从事的不过是一项普通的职业",我则不敢苟同。作为一项职业,教师的确有普通的一面,比如也有职业规范,也有入职门槛,也需要职业技能,也要领取报酬……但教师职业更有其"不普通"的一面,那就是——教师担负着教书育人的使命!注意,我这里之所以说是

"使命"而不是"任务",是因为"使命"比"任务"更神圣,更崇高,更事关一个人乃至一个民族的未来!我们完全不用怕"不接地气"便讳言教育的神圣、崇高与伟大。

有人说:"教育不过就是作为消费者的家长购买服务而已。"教育当然有"服务"的属性,但这里的"服务"可不是像商店卖东西一般简单,教育提供的不是具体的商品,而是知识、技能和人格。如果把教育仅仅看作是传授知识、培训技能,那就只是"培训",而不是"教育"。

雅思贝尔斯说:"教育是人的灵魂的教育,而非理性知识和认识的堆积。……谁要是把自己单纯地局限于学习和认识之上,即便他的学习能力非常强,那他的灵魂也是匮乏和不健全的。"(《什么是教育》)可是现在,我们有的教育者恰恰是把自己的职业仅仅限于"非理性知识和认识的堆积"。当教育只剩下"贩卖知识技能"而不管"灵魂"的时候,教育就已经消失了。在互联网时代,知识的源泉显然不仅仅是教师了,技能也可以不通过传统意义上的学校而获得。如果教师还以为自己从事的"不过是提供商品服务",这是教师自己把自己的职业"矮化"了,那就别怪社会看不起教师了。

任何一项普通的职业,都有其行业规范。有人认为,教师只要遵守教师职业规范就行了,也就是说,你要我做什么,我做到了,就行了,别再"玩虚的"。可能对一般的职业来说,只要做到了必须做到的就可以了。比如车站窗口的售票员,只要用语规范、态度和蔼、服务规范、效率高、不出错,乘客就满意了。但这对教师却不行,职业规范只能管着表面的教育行为,却管不到内在的教育情操。比如,严格的规范能够保证教师上课必须备课写教案,按时上课不迟到……,但却无法保证教师精心备课,更无法保证教师课堂教学深入浅出、生动有趣、富有魅力。而要做到这些,教师的爱心、智慧、责任心是必不可少的。拥有这些精神层面的因素,更多的不是取决于"制度",而是教师的职业良知。这就是教师职业"不普通"的一面。

是的,教师不是圣人,不能也不应该用圣人的标准去苛求教师。教师也要生活,也要养家糊口。但去掉教师头上的"光环",并不意味着就要去掉教育的使命。教师的职业特点就是，如果教师仅仅是满足于生活，对得起工资，不触碰职业规范的底线，就不可能是一个真正合格的教育者。中国人爱说"将心比心"，如果一个老师仅仅是抱着"我领工资我工作"，仅仅是不体罚学生、不迟到旷课，却没有爱心，没有责任心，不愿意对学生有哪怕是一点点"八小时以外"的"付出"（其实，教师职业的特点就是不可能将工作和休息时间分得那么清晰），你愿意把你的孩子交给他吗？

也许有人会说我"唱高调"，说我"不接地气"，我不怕。既不媚上，也不迎合，我只忠实于自己的心灵而发声。最后我还想说的是，无论如何呼吁改善教师待遇，提高教师社会地位，都是不过分的。在这方面，国家和社会还有相当大的努力空间。但作为教师，如何让社会不但看得起自己而且由衷地敬佩，这就要靠我们自己了。还是那个逻辑：设立教师节可以保证或基本保证政府和社会多一些尊师重教的行为，但教师要获得真正的普遍尊重，光靠教师节还不行，还得我们自己看重自己的职业——如果教师只是一项"普通的职业"，人家干吗要特别尊重你呢？

2016 年 9 月 17 日

教育，请别以"严"的名义对钱文忠们让步

一

我承认这个标题有"标题党"的色彩，同时还有调侃的味道。

其实，对钱文忠教授我是很尊敬的。我这个"李"姓的"李"还是通过看钱教授关于《百家姓》的演讲视频才弄清楚其渊源的。但尊敬不等于迷信，钱文忠教授的一些观点我不完全同意或完全不同意，比如钱教授的《教育，请别再以爱的名义对孩子让步》一文，我就完全不同意。这是钱教授好几年前的一篇演讲录，后来传到网上，被冠以这么个标题不断被疯转，流传甚广。本文标题的"哗众取宠"正是"承袭"了这篇文章标题的哗众取宠。

我之所以在"钱文忠"后面加一个"们"，是因为这种似是而非的教育观点远不只是钱教授一个人独有。历史走到了今天，可陈腐的教育观念依然根深蒂固地存在于许多教育者特别是相当一部分家长的头脑中。这些人组成了对钱文忠《教育，请别再以爱的名义对孩子让步》一文浩浩荡荡的点赞队伍。我曾在机场候机厅，亲耳听见一位母亲一边在电脑上读钱文忠的这篇演讲录，一边不住点头称赞："就是就是！"我估计那些迷信"黄荆条下出好人"的家长们，对现在教育提倡"尊重""平等""民主""理解"……早就憋着一肚子火，却又不好明说反对，现在，终于有钱教授说

出了他们的心里话,他们一定感到特别解气,特别爽。

钱教授强调他说的"全是真心话",但我认为真话不等于真理,错误的真话也是真话。钱教授学识渊博,但不一定什么都懂,至少从这篇演讲稿来看,钱教授对教育的理解,谬误甚多,令人大跌眼镜,瞠目结舌。

我认为,这篇演讲稿是以混乱的逻辑表达混乱的观点。当然,对口语化的演讲,我们可以宽容一些,而不必用书面文字的严谨来苛求,但如果大体思路都是不清晰的,则超过了我们的宽容底线,尤其是对钱文忠先生这样的名教授。从本文看,钱教授的逻辑错误至少体现在三个方面:思路不清,偷换概念,以偏概全。

二

说话、写文章,思路清晰是基本前提,不然,别人无法明白你到底要说什么。读钱教授这篇文章,好些地方我都有一种感觉,而且还很强烈:你到底要说什么?

"我们这个民族现在有一个奇怪的心态,就是不怕有问题,只要找到办法,问题总能解决。我要告诉大家,这是谎言,有些问题将永远无法解决。"想办法解决问题,错了吗?当然没有错。但钱教授说"这是谎言","理由"是"有些问题永远无法解决"。可是,"有些问题无法解决",不等于所有问题都"无法解决"啊!何况"有些问题"现在"无法解决"也不等于"永远无法解决"。钱教授举了"癌症无法治愈"的例子,可是,面对人类不断发展的智慧,现在无法解决的癌症问题未必就"永远无法解决"。退一万步说,就算如钱教授所说"有些问题将永远无法解决",可是这能得出教育的所有问题都无法解决的结论吗?

接下来,钱教授谈到了"独生子女",认为这是"自地球上有人类这个物种以来所出现的一个从来没有过的'亚种'",然后说:"千万不要以为他们和我们是一样的,他们和我们不一样,甚至可能完全不一样。""独生子女"当然有其独特性,传统的教育方式的确不能完全解决独生子女的教育问题,但无论多么独特,儿童的共性总还是有的。对教育而言,只谈普遍性而不谈独特性和只谈独特性而不谈普遍性，都是极端而荒谬的，可钱教授恰恰如此极端而荒谬。任何时代的孩子都有特殊性，任何国家的孩子也各有特殊性，按钱教授的逻辑，无论历史上的教育传统，还是国外的教育思想，统统不适合中国当前的教育，那等于不但否定了当下的教育，而且取消了一切教育。

再有，"凭什么教育是快乐的？我实在想不通，教育怎么一定是快乐的？教育里面一定有痛苦的成分，这是不言而喻的"。你"实在想不通"就能说明教育没有快乐吗？既然"教育里面一定有痛苦的成分"，那就说明钱教授也认为"痛苦"只是"教育里面"的"成分"之一，那么"教育里面"还有没有其他成分呢，比如"快乐"？

还有，"如果说过去的教育都不对，那俞敏洪校长是怎么培养出来的？徐小平、王强是怎么培养出来的？"按钱教授的"逻辑"，古今中外就没有不好的教育，因为任何一个时代都可以出一些名人：你说封建时代的教育不好？那李白、苏东坡、曹雪芹是怎么培养出来的？你说解放前的教育不好，那么陈寅恪、陶行知、巴金是谁培养的？你说斯大林极权统治下的教育不好，那么苏霍姆林斯基、赞可夫、巴班斯基以及第一个把人造卫星送上天的科学家是谁培养的？你说改革开放前的教育不好，那么现在我们国家各行各业的栋梁是谁培养的？这样推论，就没有不好的教育。任何时代——包括公认的一些黑暗不堪的时代，都会有个别杰出人才诞生，但这个别杰出人才并不能反过来证明那个时代的教育多么辉煌。但是，不同时代的教育背景下培养的人才是多是少？埋没人才多一些还是培养人才多一些？对这些问题，钱教授是不思考的。

紧接着，钱教授问："我们不是过去的教育教育出来的吗？我们是随地吐痰了还是耍流氓了？"钱教授这里的"我们"指的是他本人和俞敏洪等被"过去的教育教育出来的"人才，可是钱教授认为他和俞敏洪"挺好的"依据是既没有"随地吐痰"也没有"耍流氓"！这样蛮不讲理的话，连小学生都看得出其思维的混乱。

类似于这样毫无逻辑的话，文中太多太多。本来是严谨做学问的大学教授，说起话来却信口开河，东拉西扯。钱教授实在是自损形象。

三

与人交往，如果彼此使用的概念不同，是无法交流的。或者，同样的词语，可内涵不同，那也等于鸡同鸭讲。比如，同样是"地瓜"，我国南方人和北方人理解就不一样。北方有的地方说的"地瓜"，其实是我老家所说的红薯；而在我老家，红薯是红薯，地瓜是地瓜。因此，讨论问题的双方，概念一定要统一，不然怎么也"尿不到一壶去"。

读钱教授的这篇文章，我之所以感到别扭，就是因为他使用了和我们大家不同的概念。所谓"不同的概念"，不是说他用了许多我们没听说过的词儿，不，其实钱教授的许多词儿，我们都不陌生，因为大家也在说。可钱教授将这些词赋予他认可的含义。对，我这里说得比较委婉而"学术"，如果要直白点儿说，他就是在"偷换概念"。

比如，钱教授之所以激烈抨击"愉快教育"（"快乐教育"），是因为他不顾"愉快教育"的特定内涵，却想当然地将"愉快教育"理解为不需要学生刻苦，一味地在玩儿中学，给学生以自由，放任自流，没有作业，只有鼓励与表扬，没有批评和惩戒。可"愉快教育"的真实含义是什么呢？

所谓"愉快教育"，是教育者正确运用适应儿童年龄特点的教育方法和教育手段，创设生动、活泼、和谐的教育氛围，激发学生的情趣，唤起学生的自主性、能动性和创造性，使他们以最佳的精神状态自觉地参与各种教育活动，从而在德、智、体、美、劳诸方面得到全面、主动、充分、和谐的发展的教育。"愉快教育"的核心是使每个学生都有幸福的童年——就是要使每个学生都有美好的心灵，创造的才干，健壮的体魄，活泼的个性。"愉快教育"的要素是"爱""美""兴趣"和"创造"。

看，"愉快教育"哪里是钱教授想象的那样呢？他抨击的"愉快教育"和真正的"愉快教育"是两码事呢！但钱教授不管，他蛮横而一厢情愿地赋予"愉快教育"自己的片面理解，然后对这个已经被他扭曲了的概念进行义正词严的抨击。这就是钱教授的"逻辑"。

钱教授说："……什么素质教育、什么应试教育。应试是最基本的素质。"可是谁否认了"应试是最基本的素质"？你说这句话并没有否定素质教育啊！素质教育从来没有排除"应试"，只要有教育，就会有考试；只要有考试，就会有应试。所以应试能力也是素质之一。这是常识。而"应试教育"特指一切围绕应试进行教育，与应试无关的都不教。这当然是应该革除的。可是，钱教授混淆了"应试"与"应试教育"，以为素质教育就是不要应试，然后以此抨击"素质教育"："如果说按照所谓的素质来招生，那么，中国的平民子弟有多少能进北大、清华？"可是，真正的素质已经包括了应试能力啊！在这里，钱教授再次偷换概念。

钱教授特别提倡教育惩戒。他说："现在，我们对孩子的教育大多是鼓励。那么，惩戒呢？教育可以没有惩戒手段吗？单凭鼓励就可以完成教育了？"就教育方法而言，无论鼓励还是惩戒都是需要的，二者并不对立，完全可以相辅相成。可钱教授认为我们现在许多教育者是"单凭鼓励就可以完成教育"，请问钱教授：你说这话有依据吗？你凭什么说现在的教育是"单凭鼓励"？好，就说你特别欣赏的"惩戒"吧！你同样赋予了这个词自己狭隘的理解，因为从你文中举的英国的例子看，你认为惩戒的含义就是体罚，用你的原话说就是"适当地揍"。可是体罚只是教育惩戒的方式之一，而不是全部。批评、处分、剥夺荣誉、失去某些特殊的待遇……都是非体罚的惩戒，而远不是你说的"揍"。在这里，你再次偷换概念。

钱教授反复说"不能对孩子让步"，那什么叫"让步"？尽量减少强制的手段，尊重孩子的精神世界，激发他们的学习兴趣，让他们积极主动地学习，这叫"让步"吗？还有，"再不要简单地这么说了，快乐教育、快乐学习、成功教育，都成功还了得？"也许在钱教授看来，"成功"就是成为像他和俞敏洪以及其他科学家、艺术家那样赫赫有名的杰出人才，可根据现代教育理念，学生成功的标准不一定是考上清华、北大，不一定是成为亿万富翁，也不一定是成为这个家、那个家，而是做"最好的自己"。你看，钱教授虽然和我们使用同样的词，可完全是不同的概念。

四

这个世界丰富多彩的表现之一，就是任何事物都有特例。任何普遍性中都包括特殊性。医生告诉我们，吸烟有害健康，可有人吸烟却长寿，但这长寿的吸烟者并不能推翻"吸烟有害健康"的科学论断。大家都知道体育锻炼有益健康，可季羡林的"三不养生法"的第一条就是"不锻炼"，他却活了近百岁。但一个或几个甚至几十个不锻炼而高寿的"季羡林"，并不能证明"生命在于运动"的真理性。如果谁要这样想这样说，那他就犯了以偏概全的逻辑错误。

而钱教授正是如此。

钱教授反复说他小时候学习并不快乐："我们的童年快乐吗？至少我一点都不快乐。回忆一般都是虚幻的、快乐的，'好了伤疤忘了疼'。在座的我们谁不是一路考试拼上来的？我们小时候也有那么多作业，我们小时候还吃不饱饭，有时候还被老师揍两下。"我们承认，作为著名教授的钱文忠先生，毫无疑问是我们国家的杰出人才，但你小时候挨了打而今天成才，并不能证明谁都可以靠"揍"而成才，更不能证明"棍棒教育"就是科学的，成功的。揍了你钱文忠，你仍然可以成为教授，可对大多数孩子来说呢？可能因为恐惧，因为自卑，他们本来可以展示的天赋与潜能却被"揍"得无影无踪，本来应该拥有的更美好的未来被鞭挞得粉碎。正如陶行知当年所说："你这糊涂的先生！你的教鞭下有瓦特，你的冷眼里有牛顿，你的讥笑中有爱迪生……"正是在先生的"教鞭下""冷眼里""讥笑中"，多少未来的"瓦特""牛顿""爱迪生"泯灭了啊！钱教授以自己挨了揍却依然成功，来证明所有孩子挨揍的合理性，这是典型的以偏概全。

"当你意识到学习是快乐的时候，这位学生就很可能将来要成为俞校长了。如果一个人能够在学习中感到快乐，那就很可能成为大师级人物。绝大多数人是不会的。绝大多数人是不得不学，是为了某种目的去学。"钱教授把学习快乐直接与成为"俞（敏洪）校长"这样的"大师级人物"画等号，我哑然失笑：学习就是为了成为"大师"吗？这是连起码的教育常识都不懂。

还有，凭什么普通孩子就不能体验学习过程的快乐呢？你学习不快乐，不等于别人学习就不快乐。这里又涉及如何理解这个"快乐"。其实，学习是否快乐，不在于表面上是否轻松，而在于这个学习是主动的还是被动的。如果是充满兴趣积极主动的学习，通宵熬夜都很快乐——这里的"快乐"就包括了攻克难题的喜悦和战胜困难的成就感；反之，若是不想学习而被逼迫，哪怕是只有一道作业题，提起笔来也是难受得很。怎么能够因为你没有在学习上体验过快乐，就觉得别人也和你一样痛苦呢？

钱教授说英国、新加坡某些学校允许老师体罚学生，其实不只是这两个地方，世界上还有一些地方，至今也保留着教育体罚，但这并不是世界教育的主流。"我是在欧洲留学的，我们常讲欧洲的教育怎么怎么好。好啊，大家看看英国的好学校规矩严到什么地步……"仅仅以英国少数学校还有体罚，就说明"欧洲教育"怎样怎样，这不是"以偏概全"是什么？

"如果校长惩戒确实犯了错的我的孩子，甚至揍他几下，我会感谢老师。"钱教授感谢校长和老师揍自己的孩子，但其他家长呢？你主张学校体罚学生，不等于所有家长都接受教育体罚。"家长无论在任何情况下都不要看孩子的日记。我不敢苟同。为什么不让看？我从小的日记父母就看，也没把我看傻了。"钱教授小时候允许自己的父母看自己的日记，不等于所有孩子都愿意父母看自己的日记，更不能以此证明家长侵犯孩子精神世界的合理性。

我发现，钱教授总是情不自禁地把自己的喜怒哀乐，与天下所有人的喜怒哀乐画等号。说他"以偏概全"似乎还轻了一些。

五

毫无疑问，教育需要爱，也需要严；或者说，教育的爱有时候正体现于严，教育的严也是爱的表达之一。这二者本来并不矛盾，但钱教授硬要将其对立，然后思路不清地偷换概念、以偏概全，硬把教育的爱、尊重与快乐，说成是"对孩子让步"，提出要"严"，而他的"严"的含义就是让家长和老师可以"揍"孩子，可以让父母看孩子的日记，就是让孩子别相信学习是快乐的，别让孩子有游戏时间……

抽象地说，教育的爱和教育的严，本身并不存在"谁更重要"的问题，二者对于孩子的成长具有同等的价值。四平八稳地谈论"都很重要"

是没有意义的，具体到某一时期，某一学校，某一班级，某一家庭……教育的"爱"和"严"很难绝对"均衡"。"我们并不去强调不需要强调的东西——这就是说，有些东西已经很受重视，就无需强调。……在一定的时期或一定的时代，在有意识的规划中，往往只强调实际上最缺乏的东西，这并不是一个需要加以解释的矛盾。"杜威这段话被翻译得特别拗口，其实他要表达的意思就是，任何时候人们所强调的只是当时所缺乏的，而不缺乏的并不需要强调。

好，看看我们现在的教育。我一点都不否认，在某些家庭，在某些班级，的确存在着放任孩子、迁就孩子的现象，但这绝不是真正意义上的爱，也不是什么"愉快学习"，而是对教育的放弃。在为数不少的班级和家庭，是教育爱心的失落，是把学生当机器的灌输，是学生因过重负担而厌学，是个别老师和家长对学生的羞辱和体罚……一句话，种种非人性、反教育的现象至今还绝非个别地存在于我们的教育中。在此背景下，我们强调教育的人性、民主、平等、尊重、快乐……这正是人类教育向着更文明的方向发展的主流，有错吗？尽可能让每个孩子成为积极主动而自觉的学习者——这不是浪漫的想象，而已经是许多学校课堂上的现实——怎么就成了"对孩子让步"？

陶行知说过，由于几千年封建专制主义传统的影响，每一个中国人内心深处都有着专制的倾向。是的，也许我们总是抱怨自己的顶头上司"很专制"，可面对孩子我们情不自禁地成了暴君。往大了说，中国走向更加民主的社会，必须从每一个公民的民主实践开始；往小了说，一个班级和家庭的和谐文明，也必须由尊重一个个具体的人开始。尊重只能由尊重来培养，民主只能靠民主来滋养；而拳头只能培养出奴才、暴民或新一代暴君，专制教育下永远不可能诞生现代公民。是的，孩子的成长一刻也离不开严格要求，离不开严厉批评乃至惩罚，但我们决不能在"严"的名义下让专制教育、非人教育阻碍中国走向党的基本路线所指明的"成为富强民主文明和谐的社会主义现代化国家"的美好未来，因此——

教育，请别再以"严"的名义对钱文忠们让步！

2016年10月19日下午，写于从北京至杭州的G59次高铁上

附 录

教育，请别再以爱的名义对孩子让步
——在"第三届新东方家庭教育高峰论坛"上的演讲

钱文忠

各位尊敬的校长、老师，非常高兴来到本次论坛。本来，我的演讲题目是俞敏洪校长规定的，但是，听了四中校长和郑州外国语学校校长的发言之后，我想临时改改。我打算以一个学生、一个家长、一个老师的身份，来谈一谈我对教育的看法。

对于中国当下教育的看法，坦率地说，我只有四个字——"我不相信"。我不相信中国今天的教育。为什么？因为在我看来，今天我们对中国教育所有的看法也许都起源于一种错误，今天我们没有认真思考到底什么是教育。

我们在不断让步，为自己找理由，为孩子们开脱。我想说，教育不是这样，也不应该是这样。中国的教育已经成为一个严重的问题，而我不相信所有问题都有解决办法。我们这个民族现在有一个奇怪的心态，就是不怕有问题，只要找到办法，问题总能解决。我要告诉大家，这是谎言，有些问题将永远无法解决。举一个例子：一个人得了癌症，如果早期发现还可以治疗，如果发现了却不去治疗，或者用更坏的办法去对待，或者说纵容它发展，到了癌症晚期再去治疗，还有用吗？没有用。我想，中国教育可能就是这个情况。今天，我们看到了太多的教育的问题，我们也给出了很多理由，也有很多理论，也在做很多努力。但是请大家扪心自问，你们相信中国的教育还有救吗？恐怕很难说。我个人不相信。为什么？我们的脑海里有太多似是而非的想法。中国正面临着很多人类历史上从来没有面临过的问题。

比如独生子女，独生子女是自地球上有人类这个物种以来所出现的一个从来没有过的"亚种"，在人类历史上，从来没有那么多没有兄弟姐妹的人在那么短时间内,有计划地出现在一个国家。请别忘记了,我们所有的教育理念、教育方法、教育手段都是针对有兄弟姐妹的孩子。今天,我们的教育者在拼命反思,但是别忘了,接受教育的对象的主体已经是人类历史上从来没有出现过的亚种了。我们没有办法,不知道怎么教育这些孩子。千万不要以为他们和我们是一样的,他们和我们不一样,甚至可能完全不一样。

我们今天讲快乐教育,讲我们的童年很快乐。可是,我们的童年快乐吗?至少我一点都不快乐。回忆一般都是虚幻的、快乐的,"好了伤疤忘了疼"。在座的我们谁不是一路考试拼上来的?我们小时候也有那么多作业,我们小时候还吃不饱饭,有时候还被老师揍两下。

凭什么教育是快乐的?我实在想不通,教育怎么一定是快乐的?教育里面一定有痛苦的成分,这是不言而喻的。我们凭什么对注定将要接替我们的子孙让步,我想不明白。

现在,我们对孩子的教育大多是鼓励。那么,惩戒呢?教育可以没有惩戒手段吗?单凭鼓励就可以完成教育了?我也不相信。刚才郑州外国语学校校长说,家长无论在任何情况下都不要看孩子的日记。我不敢苟同。为什么不让看?我从小的日记父母就看,也没把我看傻了。

听说前段时间教育部发了一个文件,内容是"赋予老师批评学生的权利"。老师批评学生的权利要赋予?何况什么时候剥夺过?没有剥夺要重新赋予吗?现在的孩子骂不得、说不得、批评不得,一点挫折就接受不了。小时候,我的老师惩戒过我,但我们的感情到今天都很好。现在对孩子一味表扬,那惩戒呢?

我们讲跟国际接轨,接轨了吗?我看是"接了个鬼"。我是在欧洲留学的,我们常讲欧洲的教育怎么怎么好。好啊,大家看看英国的好学校规矩严到什么地步。英国议院通过了一条法规,大意是"允许教师在历经劝告无效的情况下采取包括身体接触在内的必要手段,迫使不遵守纪律的学生遵守纪律"。说白了,就是可以适当地揍。大家都说新加坡的教育好,新加坡的中小学教室后面墙上不是经常悬着一把戒尺?据说,孩子表现不好,按规定打三下,只许打手心,不许打手背,必须两个老师在场的时候才允许执行。

但是我们教育的主体思路是对孩子不停地让步，给孩子更多的快乐，给孩子更多的游戏时间。天底下哪有这样的教育？如果说过去的教育都不对，那俞敏洪校长是怎么培养出来的？徐小平、王强是怎么培养出来的？我们不是过去的教育教育出来的吗？我们是随地吐痰了还是耍流氓了？我们什么都没干，挺好。我觉得教育不能再一味让步，我们对孩子要真的负责任。不要迎合社会上一些似是而非的说法，什么素质教育、什么应试教育。应试是最基本的素质。

人类社会没有绝对的公平，美国也不公平，中国也不公平。现在几乎可以说唯一的一条公平线就是高考了。如果说按照所谓的素质来招生，那么，中国的平民子弟有多少能进北大、清华？一个孩子连公平竞争都竞争不过人家，还说素质很高，谁会相信？所以，不要迎合社会上有些所谓的专家的话。

我现在提倡恢复全国高考，而且是裸考，不要加分。王强是内蒙古高考的第二名，我是那年高考的上海第二名，我们都是这么考到北大的。如果高考制度不能改，我们的教育就不能改，高考是指挥棒啊！高考制度之所以不能改，是因为我们找不到比高考制度更不坏的制度。高考制度不是最好的制度，但它是最不坏的制度。

问题是，我们面临的矛盾我们必须自己心里清楚。有人问我："钱老师，您这几年讲国学，讲《三字经》《弟子规》，您觉得推广《三字经》《弟子规》的最大难处在哪里？"我一般的说法是希望有关部门大力推广，进入学校。其实这不是最大的困难，最大的困难是，如果按照《弟子规》《三字经》，按照出席今天论坛的名校的标准培养孩子，那么，这些孩子到社会上90%要吃亏。你把按照《弟子规》那样忠诚、守信、孝悌、守规矩的孩子放到社会上看看，很可能就吃亏！这说明，我们的社会出了大问题。谁能否认？我们要讲传统优秀文化的最根本的理由正在于此。

我自己也在教书，跟学生有接触，我想告诉大家，对于中国的教育，我们要有一种极度的忧患意识，而且应该是在接近绝望基础上考虑的，可能就是没治的。很多人问我："钱老师，你的孩子怎么办？"我的回答是：

"听真话还是假话？如果是真话，我就把他送出去，没有办法，没有选择。"我儿子在华东师大附中，那是我的母校，上海的名校，当然很好。但是社会环境跟我们那个时候不再一样了。所以我想，我赞成对孩子真的要严格。孩子毕竟不是成年人，孩子还必须管教、必须惩戒，必须让他知道教育绝不仅仅是快乐，学习绝不仅仅是快乐。当你意识到学习是快乐的时候，这位学生就很可能将来要成为俞校长了。如果一个人能够在学习中感到快乐，那就很可能成为大师级人物。绝大多数人是不会的。绝大多数人是不得不学，是为了某种目的去学。

我们要告诉孩子，犯了错误要付出代价。如果在全社会形成家长对孩子让步的氛围，以后的孩子是很可怕的，我们的未来是很可怕的，这样教育出来的孩子是接不住中国未来发展的重担的。中国30年的发展创造了物质财富、社会发展的奇迹，是谁干出来的？邓小平、江泽民、胡锦涛，他们都是了不起的领袖，但领袖之外也得有人干活吧。在中国历史上，无意识造成的真正精英是"老三届"。这一批人在"文革"前完成了初高中教育，"文革"前的初中高中教育水平恐怕不比今天一般的本科教育低，这批人由于历史原因被分散到了社会的各个角落。1978年，一切回到了原点。这批人是中国人的精英，是中国历史上从来没有出现过的真正的精英，懂知识、受得了委屈、懂担当。现在，这批人要退休了。而现在，孩子进一步，社会让一步；孩子进一步，老师让一步；孩子进一步，家长让一步。这样的教育怎么行？更何况，现在的教育面临着巨大的冲突，根本就不能按照一般的教育学理论思考。

我父亲受过很好的教育，但他就看不得儿子教育孙子。有一次，我教训孩子，我父亲在旁边就有些不愉快。我儿子说："爸爸，你为什么用这种口气跟我说话？"我说："因为你错了。"他说："错了也不能用这样的口气跟我说话。"我说："《三字经》没读过？"他说："你不就是想说'养不教，父之过'吗？"我说："是啊。"他说："你前两天不还讲《弟子规》的吗？《弟子规》里说'守孝悌，次谨信'，你都不让你老爸高兴，凭什么我让我老爸高兴？"这件事就说明，我们的传统教育在今天已经全然崩塌，我们正面临着根本的冲突。作为家长，我倒是希望如果我儿子的老师看他不成器，揍他两下，罚站一会儿，这是应该的。教育部就应该定出这样的规则，对学生要有惩戒。

我们现在都说鼓励孩子的自信心，赞扬他，鼓励他有自信，这是对的，但是不能过度。在这种教育下的孩子将来到社会，他面临的反差足以把他摧毁。我们应该告诉孩子，这个社会是残酷的，要准备受到很多委屈。

如果校长惩戒确实犯了错的我的孩子，甚至揍他几下，我会感谢老师。我相信，大多数老师是有大爱的。我希望老师一手拿着胡萝卜，一手还得拿着大棒。新东方创造了不起的教育界奇迹，我是觉得这个论坛要发出一点真实的声音，要告诉这个社会，教育不是这样。再不要简单地这么说了，快乐教育、快乐学习、成功教育，都成功还了得？

我觉得，教育是最真实的事情，不应该去揣摩家长、孩子的心思，不停地对孩子让步。所以，到今天我对中国教育还是四个字——"我不相信"。

我现在只希望孩子生理健康、心理健康。孩子考不考国内的大学我无所谓，我只希望他生理健康、心理健康，好好过完这样一辈子。更何况，人类到底有多少年谁都不知道。霍金说还有200年，如果真的是这样，我会跟我的孙子说不要生孩子了。这是一句笑话吗？

我们现在要让孩子尽量生理健康、心理健康，我们把未来的选择权放开给他，因为我们对孩子负不起责任。不像我们小时候，生活很困难、社会不发达、经济也不发达，但是我们的父母还能对我们负责任。我觉得我现在非常羡慕我父母，他们敢骂孩子、揍孩子，但是我们依然爱他们。今天的孩子打不得、骂不得，哪怕是一个眼神，没准明天就能把长辈杀了。

我讲《弟子规》讲到"守孝悌"时，叫我的助手搜索一年以内的"不孝、杀父"的反面例子，然后打印出来，以备我选用作反面例子。不一会儿，助手告诉我：打印纸没有了。我们对孩子没有一些控制、抑制、约束，一味以爱的名义对他们让步，这样的教育是不对的。

也许这个想法很突兀，应该想办法让孩子学习更成功，但我内心"不相信"，所以我选择把我的真实想法跟各位校长、老师汇报。如果我们再不把一些虚幻的东西弄清楚,我们是要完蛋的。

教育,特别是基础教育,恐怕未必应该全然简单地随着社会的发展而发展。这是一个大问题,我们简单地认为,教育就应该跟着社会发展而发展。在某种程度上,教育是应该跟社会"对着唱的"。是社会在教育教育,还是教育在教育社会?应该是教育在教育社会。现在是社会在教育教育,这样教育的本体性就不存在了,教育最基本的价值理念就不存在了。我们这个民族原来给教育赋予那么高的地位和价值,在今天都已经被打乱了。

我们这个社会最后一道防线是教育。我们不要轻易向社会让步,我们也不要轻易向我们的孩子让步,也不要轻易向家长让步。我们这个社会要赋予校长、老师更大的权利、更高的荣誉、更好的待遇,但是也应该赋予他们更大的责任。

只有这样,经过几十年的努力,我大概在那时候还能考虑让我的孙子留在国内受教育。这是我的真心话,有不对的地方,请各位校长首先把我当成一个学生,其次把我当成一个家长,最后把我当一个晚辈老师,给予批评教育。我刚才讲的没有一句假话,全是真话。当然,季羡林先生教过我"假话全不说,真话不全说"。

"人"是高于一切的目的

至今还有老师认为，集体是至高无上的，个人在集体面前是微不足道的，为了集体应该牺牲个人的一切。这些老师实在是忘记了（或者说从来就不曾明白）一个基本的常识："集体"是工具，"人"才是目的。

人类之所以需要集体（包括社团、组织、政党、国家），是因为面对大自然，面对强大的敌对势力，个人的力量是有限的，只有依靠众人的力量和智慧，孤立的个体才不至于被消灭，才会获得安全感。所以，无论是对付自然灾难，抵御外敌入侵，还是获取物质财富，保护自身生命，都需要大家"抱成团"，所谓"团结就是力量"。

正是在这个意义上，我们说，集体的强大是个人利益（当然也包括个人尊严，因为连起码的利益都没有了，尊严也便荡然无存）的保障，是没错的。但是，无论如何不要忘记，集体是为个人而存在的，而不是相反。在某种特殊时候，没有了集体，个人便失去了保护的屏障，因而便没有了个人。但这只是"在某些特殊时候"。从常态看，从终极意义上说，应该是没有了个人，集体什么都不是。如果这个"集体"不但没有保护个人的利益与尊严，反过来侵犯每一位个体成员，那它根本就没有必要存在。尤其是当有人打着"为了集体"的旗号而维护他自己的面子并攫取私利的时候，这样的"集体"已经走向其反面，应该解散，因为它已经失去了存在的合法性。

当然，我上面说的是一种极端结果。通常情况下，我们的学校和班级是作为引领孩子健康成长的专业机构和组织形式而存在的，目的在于呵护孩子稚嫩的心灵，培育健全品格，传授文化知识，让他们成为一个真正意义上的"人"。可见，从根本上说，人不是"集体"的工具，而"集体"才是工具——是培养人和发展人的工具。

作为"工具"，集体也具有教育的功能。比如以班集体而言，我们所理解的"班集体"，既不仅仅是教学单位，也不单纯是德育组织，而是集教育、教学和个性发展于一身的有机统一体。它以对学生的尊重和研究为出发点，以对学生的教育和发展为目的，教育与教学互相协调，知识传授与能力培养互为依存，个性的全面发展与群体的共同进步互为条件，它是德、智、体、美、劳五育和谐统一的教育组织和教育系统。在这样的集体中，大家有共同的追求、共同的荣辱、共同的精神支柱、共同的心理依托；成员之间互相友爱，互相帮助，谁也离不开谁：每一个人为集体的挫折感到真诚的难过与忧虑，集体为每一个人的成绩感到由衷的欢喜与自豪。在这里，通俗地说，"班集体"就是师生备感温暖的家。

说到学校里面"个人和集体"的关系，我认为"个人服从集体"只是相对的，而"集体服务个人"则是绝对的。集体是服务于个人成长的。在80年代，还是年轻教师的我曾对班级集体主义教育进行研究，提出"班集体是学生个性发展的手段与途径之一"，结果引起争议，但我至今坚持我这个观点。包括我在内的许多班主任的丰富实践已经证明，充满浓郁集体主义气氛的班集体是学生个性全面而和谐发展的最佳环境。在这样的集体中，学生不仅仅在分数方面（学习领域）显示自己的聪明，而且在文娱、体育、游艺、小制作、小发明等各种创造性劳动中展示自己的才华。学生在与他人交往的过程中，在为集体奉献的过程中，不断发现自己独一无二的某种天赋并体验着人人平等的尊严。每个学生通过集体发现自我、塑造自我、完善自我、超越自我，集体为每个学生的个性发展提供各种机会与途径。

然而，我们的确要高度警惕集体对个人的绑架甚至压迫。在一些学校，有的"班集体"看起来也许纪律良好、团结一致，但这是以压抑学生个性为代价换来的，学生在性格、兴趣、才能、思维等方面的个体差异都被"集体"强行"统一"起来了，学生任何一点与众不同，都会在"服从集体"的名义下渐渐消失。学生只有绝对服从，而无任何相对自由；"集体"只有整齐划一，而无半点生机活力。我们所期待的班集体，应该是每一个学生个性发展的良好环境。在这样的集体中，同样不可缺少统一的目标、严格的纪律，同样需要学生对集体规则的服从，但从某种意义上说，这些都不是目的而是手段，是为每个学生个性发展服务的。只要不违反纪律，不损害集体利益，集体就应该对学生各方面的"异常"甚至"异端"充满宽容。一千个人便有一千种智慧。通过班集体，学生能够以各种方式发现、发挥、发展自己独特的禀赋与才能。而几十个个性鲜明、才华各异的学生又组成了一个既有统一意志，又色彩斑斓的、富有个性的集体。

集体主义教育理论的鼻祖是苏联教育家马卡连柯。"通过集体""在集体中""为了集体"是他提出的集体主义教育的著名原则。应该说，马卡连柯的集体主义教育理论至今还有着一定的积极意义，但"为了集体"这个原则今天看来肯定是不对的。那种把集体当作目的，把个人当作集体的工具，乃至可以随便被人利用支配的"螺丝钉"观点，正是肇始于马卡连柯。

苏霍姆林斯基十分尊敬马卡连柯，多次在自己的著作中称马卡连柯为自己的"导师"，但苏霍姆林斯基并不因此而迷信马卡连柯。苏霍姆林斯基让我敬佩的，还不只是他卓越的教育思想和实践，还有他"吾爱吾师，吾更爱真理"的学术品格。他对马卡连柯的集体主义教育理论，特别是"集体是目的"的观点提出了直率而尖锐的批评。苏霍姆林斯基认为，任何教育理论都必须随时代的发展而进步；一旦把集体看作教育的目的，教育工作在这方面就"开始原地踏步"了。他指出："近20年来，集体教育理论研究没有任何进步，有的只是对马卡连柯有关教育思想和经验的注释和宣传，这儿忽略了如下事实：生活在前进，不管马卡连柯的语录是如何精彩，他们无论如何也不能作为对眼前学校工作做出判断的依据。"

苏霍姆林斯基认为："如果把集体作为目的，那么教育一开始就是残缺的教育，教育者就只会关注集体，关注其组织结构及内部的领导和服从的关系，即关注积极分子的培养，关注怎么善于领导，怎么教会服从。"此时，教育者就可能把每个活生生的学生及其精神需求置于视野之外，就往往会忘记真正的教育真谛："教育的目的是人，是全面发展的个性。"

当我们把集体当作目的，而要孩子无条件地"服从集体"，甚至以"集体"去侵犯他们的权利、伤害他们的尊严、扼杀他们的个性时，我们离"以人为本"的教育初衷不是已经不止十万八千里远了吗？

2016 年 11 月 18 日于成都至柳州的途中

虽然无奈，却有必要，且很光荣
―― 我看"工读教育"

一

著名主持人朱煦老师说"李镇西先生亟待补课，改变全社会对工读教育的偏见"，呵呵，说我对工读教育有"偏见"，真是抬举我了。虽然从教36年，对工读教育却可以说是"门外汉"，没有半点见解。"见"之不存，"偏"将焉附？不过，"亟待补课"对我而言倒是说对了。所以真诚感谢11月9日在成都市第52中学举行的全国"社会发展与工读教育"论坛，让我有机会向各位工读教育专家学习，同时也促使我对以前相对不太熟悉的工读教育有了一些思考。最近，我还真补了补课，包括请教了不少工读学校的校长和相关专家，网上老师们的批评对我也有不少启发，使我收获颇丰。

就目前的现实而言，由于种种原因，我们许多学校不同程度地存在着一些有严重道德缺陷和行为问题的孩子；还是"由于种种原因"，这些孩子在普通学校不能得到有效的教育。如果这些孩子触犯了刑法，可以送到少管所，但他们没有。用我尊敬的陆士桢老师的话来说，他们属于"预犯"少年，即将犯但还未犯，或者犯了点但还不至于要受刑事处罚的孩子。我不知道这样的"预犯"少年在各城市或全国有多少，但我想，就绝对数而言应该是一个不小的数字。这么一个不小的群体，如果没有一个专门的教育机构，无论对孩子自己和他们的家庭，还是对社会，后果都是无法想象的。

因此，工读教育的存在和工读学校的建立，毫无疑问是必要的。那天在论坛上，我的原话是："无论从理论上讲还是从现实上讲，工读学校都是有必要存在的，因为对许多'后进生'，好像常规学校现在无能为力；从因材施教的角度上讲，好像应有专门的学校从事专门的教育。"正如成都52中（工读学校）程鹏强校长所说："工读学校相当于专科医院。"对此我完全同意，因为专门的孩子的确需要专门的教育。所以，我从来也没有否认过工读教育存在的必要。

但那天为什么"吵起来"了？

其实，"吵起来"这个词是媒体记者为了抢眼球而取的一个标题，包括标题中的"李镇西'一挑三'"都属于"标题党"风格。真实的情况是，我向专家们表达了我的疑惑，待各位专家发表看法之后，生性愚鲁而又直率的我依然茫然，便执着地请教，而主持人朱煦却急于按他的主持节奏"行云流水"地往前推进，于是，我便着急地说了那么一句："我还要继续说，既然是自由论坛，围绕这个话题都是可以的。主持人，不一定要顺着你的逻辑往前推。"因为我不想做和主持人"配合默契"的"演员"。我认为，既然是"论坛"而非教堂，就应该有不同的观点。尽管我执着地说"没解决我的疑问，我还要说"影响了主持人的"从容潇洒"，但这才是真实的思想论坛。

二

那么，我和几位专家乃至许多网友的分歧在哪里呢？就在"无奈"二字上。当时我的原话是这样的："把孩子送到工读学校，这是没办法的事，是家庭教育和普通学校教育失职之后的事。家庭教育和普通教育做好了，是不需要工读学校的。"

正是这几句话引起了强烈的争鸣。许多人说我说过："不需要工读教育"。是的，这几个字我是说过，但我说这话的前提是什么？是"家庭教育和普通教育做好了"！

我说，把孩子送到工读学校是"无奈的选择"，许多人也不同意。朱煦老师反驳我："您认为工读教育是无奈的教育，我认为，几十年的发展，工读教育恰恰是主动积极的作为，否则就变成守株待兔，成了最后出了事才来接受教育的接受单位。"百度上介绍朱煦老师的主持风格是"思维清晰，逻辑缜密"，但至少从这几句话看，他的"思维"一点都不"清晰"，"逻辑"一点都不"缜密"。请问朱老师："几十年的发展"怎么就"恰恰"证明了工读教育是"积极的作为"？这二者是怎么被您生拉活扯拧到一块儿的？您的意思是，几十年来工读学校越修越多，工读教育的研究越来越深入，就是工读教育主动的"积极作为"？可是，这"积极作为"的一切，不正是接收并转化从普通学校送来的"预犯"少年吗？有了，才接收，这难道能够说是"主动"？您后面那句无厘头的"否则就变成守株待兔，成了最后出了事才来接受教育的接受单位"，我咀嚼琢磨了好久，也没明白您要表达什么。"守株待兔"指的是什么？据我这几天的"补课"所知，工读学校的招生原则和方式本来就是家长自愿送孩子来，而不是主动去普通学校招收"预犯"少年，如果一定要说这就是"守株待兔"，我看意思也差不多，哪个孩子不是因为"最后出了事"（严重违纪，已经到了违法的边缘，但还没有真正违法）才被送到工读学校的？如果您说的"出了事"指的是已经犯罪，那就不是"来接受教育的接受单位"了，应该直接进少管所，但少管所并不是单纯的"教育单位"，而是我国的劳动改造机关之一。如果不想"守株待兔"，难道你让工读学校的校长老师"积极作为"地主动出击，去普通学校逮"兔崽子"？

"这是说全中国孩子不许生病，全中国孩子生了病也不许说他有病，全中国孩子生了病也不许治病。"当时身在现场的林炎志先生如此武断地概括我的观点，让我惊讶（我曾怀疑这不是他的原话，而是记者听错了，但经过核实，林先生的确是这样说的）。如果德高望重的林先生能够给我讲哪怕一句道理，我会更加敬重他。可在我离开会场后，林先生居高临下、自以为是地曲解我的意思，我只能"呵呵"了。他把孩子有缺点甚至有严重的品德和行为方面的问题比作"生病"，严格说来是不准确的，但姑且算是一种临时性的比喻吧。翻译一下，就是"不许孩子有缺点，有了缺点还不许说他有缺点，而且不许教育有缺点的孩子"。请问林先生：我什么时候说过有这样意思的话？您从我那天的哪一句或哪几句话中得出这样的结论？

三

没有不犯错误甚至严重错误的孩子，对这些孩子，同样需要真诚的爱心，而对不同的犯错孩子予以富有针对性的不同教育，正是把真正的爱心落到了实处。可能这是我和许多专家的共识。

但我的"幼稚"或"肤浅"也许在于，我认为这些孩子的问题并不是"天然"的，而是后天的教育（家庭和普通学校的教育）不当造成的。都说工读学校的孩子是"特殊的孩子"，而特殊教育学校的孩子也是"特殊的孩子"，可这两个"特殊"的含义并不一样。前者主要是有品德缺陷和行为问题，即通常所说的"后进生""问题学生""双差生"，或用苏霍姆林斯基的话来说叫"难教儿童"，这类孩子的"特殊"在于，他们的成长问题比一般的学生多而且已成难以教育的恶习，对周围同学的学习、成长有公开的妨碍和潜在的威胁，这种"特殊"是后天形成的；后者则是有智力障碍、孤独症、脑瘫、多动症、情绪障碍、行为障碍（不是一般意义上的"行为问题"）等症状的特殊儿童，这类孩子的"特殊"是先天形成的（与此类似的，还有聋哑学校的孩子）。

好，我的疑惑就在这里：工读学校学生的问题没有超出家庭和普通（学校）教育范畴，而特殊学校、聋哑学校的教育问题已经超出了普通教育的范畴了。可不可以这样说：无论教育如何，智障、自闭、脑瘫、聋哑等特殊孩子依然会存在，但如果我们家庭教育和普通（学校）教育真正做到位了，去工读学校的孩子就会少一些，而且越来越少？

我一直认为，品行坏、行为差（用"坏"和"差"来描述这样的孩子并不过分，因为他们处于犯罪的边缘）的问题孩子，首先是家庭教育失败的结果。一个孩子举止粗俗，言行不一，满口脏话，不讲卫生，懈怠懒惰……总之一身恶习，不能说和学校一点关系都没有，但主要是和他的家庭教养太糟糕有关。教师希望把所有的责任都担在肩上，企图单凭学校的力量而彻底改变一个孩子，这就违背了常识。很多孩子成长过程中的第一道"工序"——家庭教育就出了问题，来到学校已经是一身恶习了。如果家庭教育真正做好了，孩子发展到成为"预犯"少年的概率就要小得多。

不过，作为教师，我们基本上无法决定孩子的家庭教育——虽然也有不少教师在尽可能通过各种方式对家长实施积极的影响，试图改善孩子的家庭教育，但这种"影响"是有限的；何况这还只是孩子进校之后，孩子入学前的家庭教育，教师是无能为力的。那我们教师就做我们能够做到并尽可能做好的学校教育吧！

无论是教科书的理论，还是教育者的实践，从来都没有把"问题学生"排除在普通教育之外，因此也从来没有任何普通学校只收品行端正的孩子。换句话说，普通学校的老师所面对的，是各种层次的学生：品学兼优的，品行好成绩一般或不好的，成绩优秀却品行不好的，品学兼差的（即所谓"双差生"）……至少目前在中国，千千万万普通学校的老师们每天都面对或多或少的"品学兼差"的问题学生，他们的责任，就是教育转化这样的孩子，让他们成为合格的毕业生和合格的公民。为此，他们凭着教育良知，付出了超人的精力与卓越的智慧。在无数这样的老师的努力下，的确有不少顽劣少年迷途知返，健康成长。这方面的例子很多很多，几乎每个学校都有这样的老师，有这样的案例，有这样的奇迹。

所以，我正是从这个意义上——也仅仅是在这个意义上——说："家庭教育和普通教育做好了，是不需要工读学校的。"

四

"您站着说话腰不疼！""您当专家当久了，根本不了解我们一线老师的苦衷！""如果给你一个，哪怕是一个工读学校的学生，你就不会这么轻飘飘地唱高调了！"……这是最近我读到的网友对我的评论。我不认为网友们对我有恶意，只是这些网友们对我太不了解。

我鼓起勇气不谦虚地说，从教 30 多年，我在著名的重点中学教过书，也在毫无名气的普通中学教过书，还在以失地农民子弟和农民工子弟为主要生源的学校工作过九年——哪里是有朋友说的"李校长是名校校长，学生是优秀学生，（教师是）优秀教师，（学校有）优良的环境，他不了解工读可以理解的"？这些朋友才是不了解我呢！在我丰富而复杂的教育生涯中，和许多"后进生"打过交道。我曾经把全年级最差的学生集中在我班，由我当班主任。坦率地说，当时我的一些同事包括领导都说："这些学生早就该进工读学校了！"有个学生曾对我说："我除了不吸毒，什么坏事都干过！"他的妈妈说："我就是冲着李老师您才送到您这里来的，只要三年中他不被开除，我就对您感恩不尽了。"这样的学生不少。正是这段经历，让我的教育认识更深刻，教育情感更充沛，教育智慧（不好意思，我本来不应该自己说自己有"教育智慧"的）更丰富！看着一个又一个连家长都嫌弃的"双差生"成为合格的中学生和合格的公民，我有了一种无与伦比的教育成就感和职业幸福感。《四川教育》《华西都市报》都曾连载过我转化"后进生"的案例，中央电视台也曾多次对我进行过报道。后来我自己也把转化"后进生"的故事写进了我的成名作《爱心与教育》里，这些故事成了书中最吸引读者的篇章。

说实话，写下上面这段，我很不好意思，因为这么自己"吹嘘"自己，我有些心虚。但我最后还是鼓起勇气写下这段经历，是想说明，我从来就不是纯粹的理论工作者，也不是纯粹的所谓"专家"，我是去年因为年龄的关系，才离开学校的。在此之前，我一直在一线，在讲台，包括我做校长期间，还长期担任班主任或副班主任。当班主任期间，我每天都和学生一起跑操呢！当副班主任的任务之一，就是专门帮班主任管教他感到特别头疼的孩子。但是，无论何时，我从来都没有想过，要把这些孩子送到工读学校，因为我觉得，教育转化这些孩子，本来就是我的责任——请相信我的真诚！我没必要唱什么"高调"。

五

"并不是每个老师都像您一样!""教育并不是万能的啊!""你太理想化了!"这又是许多朋友对我的评论。我不敢说普通学校每一个老师都很优秀,因为我知道的确有少数老师缺乏教育爱心和教育智慧,还有个别老师用"把你送到工读学校去"作为对"后进生"的威胁。但我要说,像我这样对待"后进生"的老师,有千千万万!许多老师做得绝对比我好,只是因为他们大多默默无闻,不如我这么"有名",所以不被人知而已,但每个学校的确都有这样优秀而平凡的老师!

尽管如此,普通学校依然有"管不了"的学生,这不只是因为有些老师缺乏爱心与智慧,还因为的确"教育不是万能的",这点我从来就没有否认过,我还专门写文章批评过"没有教不好的学生,只有不会教的老师"这句话。其实,正如不能因为工读学校的教育也不是万能的而否定工读教育一样,我们也不能因为这句话而否认普通教育啊!至于"太理想了",我想说,教育本身就意味着"理想"。中国的教育就是太"现实"。1996年联合国教科文组织出版了一本《教育——财富蕴藏其中》,序言的题目便是《教育——必要的乌托邦》。只是我们要把这理想与现实尽可能结合起来。空谈"理想"和过于"现实"都会危害真正的教育。这是一个"度"的问题。把握好这个分寸,就叫"有教育艺术"。

现实的情况是,需要接受工读教育的"预犯"少年越来越多——这也是那天专家们的一致观点。其实,工读教育并不是最近几十年才有的,但为什么现在需要进工读学校的孩子越来越多?我们可以从社会转型、经济发展等教育以外的方面找到原因,但我想着重说一点教育本身的原因——是愈演愈烈的"应试教育"加剧了"问题少年"的源源不断!

李玫瑾教授是一位著名的犯罪心理学家,我多次通过央视《今日说法》听到她一些独特的见解。但很遗憾,李教授那天在论坛上的不少观点,让我感觉她对教育还不真正理解,毕竟"隔行如隔山"。比如她说"普通学校提供更多的是知识的教育",这就是外行话。她认为情感培养、生活习惯的培养,都是家庭的事,学校主要以智力为核心,解决能力的问题（限于篇幅，我这里不全文引用，但我的概括不会有错，大家可以上网查看当天论坛的记录）。李教授的观点似是而非："是"在于，家庭的确对孩子的健康情感和生活习惯的培养起着重要作用；"非"在于，学校同样承担着学生的情感教育和习惯培养，哪里只是家庭的事呢？李教授观点中最大的"非"，是把普通学校仅仅看作"知识的教育"！因为这个逻辑，所以她才说："普通学校提供更多的是知识的教育，特殊教育学校就更有针对性……"她的意思就是，普通学校基本上不管孩子的人格教育，更多的是提供知识，而工读学校则是管孩子的品行及行为习惯的，所以，这些孩子在普通学校得不到应有的情感教育、品格教育、行为习惯的教育（因为普通学校主要不管这些），那他们自然应该去工读学校。

六

犯罪心理学专家李教授实在是不了解——"师者，所以传道受业解惑也"（韩愈），"教育是人的灵魂的教育，而非理性知识和认识的堆积"（雅斯贝尔斯）。学校的使命是育人，是培养学生健全的人格。德智体美劳，都是培养学生健全人格的途径。知识传授当然很重要，但绝不是学校教育唯一的任务。苏霍姆林斯基说："不要让上课、评分成为人的精神生活的唯一的、吞没一切的活动领域。如果一个人只是在分数上表现自己，那么就可以毫不夸张地说，他根本没有表现自己，而我们教育者，在人的这种片面性表现的情况下，就根本算不得教育者——我们只看到一片花瓣，而没有看到整个花朵。"苏霍姆林斯基的意思是，如果说人格是一朵花，那么德智体美劳分别是这朵花上的花瓣；不能用"智育"这一片花瓣，来取代整个花朵。最近，国家颁布的《中国学生发展核心素养》总体框架明确指出，中国学生发展核心素养，以科学性、时代性和民族性为基本原则，以培养"全面发展的人"为核心，分为文化基础、自主发展、社会参与三个方面。综合表现为人文底蕴、科学精神、学会学习、健康生活、责任担当、实践创新六大素养，具体细化为国家认同等十八个基本要点。而知识传授，只是其中一部分，甚至不是主要部分。所以，认为"学校主要是传授知识的地方"肯定是片面的。

其实，李玫瑾教授对教育持这样的认识，我完全可以理解。因为这并非她一人的"偏见"，而是我们社会现在许多人对学校教育的"共识"。生活中，相当多的人——不只是家长，还包括许多老师，都认为学生到学校来就是学知识，老师教书就是教知识。大家"约定俗成"地认定，一般学校的教育就是传授知识，"不然要学校来干什么？"这正是多年来中国教育的缺陷，也是许多教育悲剧的重要根源。因为这个"深入人心"的观念，本来应该是培养学生全面素质的教育，越来越演变成以围绕知识、追求分数为中心的"应试教育"。所以后来人们为了强调教育本来的、不应缺少的要素，不得不造出一个"素质教育"的词——我一直认为，"素质教育"是一个荒唐而无奈的概念。当然，应试一点都没有错，任何教育都必须有应试，但"应试教育"却剥离了教育本来应该有的人格铸造、行为养成等丰富内容，只剩下为应试而挥汗洒泪的"拼搏"！

有两类人是这种"教育"的恶果，一种是钱理群教授所说的"绝对的，精致的利己主义者"，就是已经进入高校甚至著名高校的"优生"，他们文化程度高，但冷漠、自私、缺乏责任感，甚至个别人还走上犯罪道路，这类人的典型代表就是药家鑫、林森浩、芮成钢！还有一种就是既没有受到良好人格教育又被分数一次次无情淘汰的"双差生"，他们成了工读学校充足的生源！因为他们在普通学校的存在，严重影响了其他"想要学习"的学生考大学，他们"拖了"其他学生的后腿，还拉了班级的平均分，于是他们被"淘汰"到了工读学校。所以，李玫瑾教授那天才说："工读学校是常规学校之外的特殊教育，弥补了常规教育中不及的问题。但如果把普通学校办成又管亲情又管习惯，可能会让没有这方面问题的孩子受到影响。"这几句话我一字未改，是李教授的原话。这几句话，清楚地表明不只是李教授，更有许多人对普通学校教育理解狭隘——普通学校的教育是不管亲情和习惯等品格教育的，因为"如果把普通学校办成又管亲情又管习惯，可能会让没有这方面问题的孩子受到影响"。这才是一些人眼中工读学校存在的理由。而这一"理由"不恰好反证了"应试教育"是产生越来越多"工读生"的重要原因吗？有人说："教育不是万能的！"这话千真万确,但请允许我继续追问:"难道工读教育就是万能的吗?"

七

因为没有足够数量的教育理念先进、富有爱心更富有教育智慧与教育艺术的教师,有时候我们的普通教育面对"后进生"显出了无力。正是为了补救普通教育的严重缺失,工读教育显出了重要的意义。正如那天尚秀云法官所说:"当孩子出现行为问题、心理问题,学校管不了,家长管不了,需要国家成为未成年人的最高监护人。但我们司法等方面制度不健全,暂时还达不到,那么办好工读学校减少犯罪是非常重要的。"各地现有的工读学校,为挽救"问题儿童",为减少我们国家的罪犯,也为不同程度地减轻普通学校的"教育负担"(这个词不太好听,但事实上就是这样的)作出了不可磨灭的贡献。

据我所知,我们工读学校的教育者绝不是简单地接受然后"管住",而是用尽一颗真诚的爱心和全部智慧,善待孩子,教育孩子,转化孩子。他们积极主动地把每一个孩子都当作科研对象,把工读教育当作课题来研究,正如原成都52中校长、现成都市教育局机关党委书记马海军所倡导的:"把学生的缺点当特点来研究,把教育的要求当学生的需求来提升,把学校的特殊当特色来创建。"马海军还提出,要让工读教育也成为针对特殊孩子的"优质资源"。不过现在并不是所有普通学校的"预犯"少年都被送去了工读学校,相比起应该去的人数,全国的工读学校实在是太少了,因此国家还应该加大投入,办更多的工读学校,让全国所有的学生都能享受最适合自己的"优质教育"。

我对全中国工读学校的每一位老师都肃然起敬。遇到任何一个"无可救药"的孩子,他们都毫无"退路"可言。面对每一个孩子,并尽力转化,这是他们唯一的选择。他们还不一定有诸如"学生考上大学"那样的成就感。目前,整个教师队伍的社会地位和经济待遇都还应该进一步提高,但最应提高地位和待遇的是工读学校的老师。评优选先、职称晋升的指标应该向工读学校倾斜,特教津贴还应该提高。工读学校的老师应该享有这项特殊关照。如果普通学校的老师不服，很简单，那就去工读学校吧！能够和工读学校的孩子长期打交道并取得成就的老师，其专业水平绝不亚于任何一所重点中学的老师。他们是真正富有智慧的优秀教师，是最光荣的人民教师！

总之，如果普通学校把"为了一切孩子""为了孩子的一切""一切为了孩子"真正落到实处，就不需要工读学校了；但是面对现在大量普通学校束手无策的"预犯"少年，工读学校不但有存在的必要，而且必须办好。

这就是我的结论。

2016 年 11 月 23 日

不是"神话",谈何"破灭"?

——从李炳亭"出事"再谈杜郎口中学

一

大概是2000年前后,针对当时一些人对杜郎口中学的误解或非议,我写过一系列文章为这所农村中学的改革辩护,后来还出了一本书,书名就叫《善待杜郎口》。今天,我依然要说:"请善待杜郎口!"

前不久,《中国教师报》原记者李炳亭"出事"了,关于杜郎口中学的话题又热了起来。因为在一些人的眼里,李炳亭是和杜郎口中学捆绑在一起的,既然李炳亭出事了,那杜郎口中学自然就"完蛋"了——有些人的思维就这么简单。于是,"神话破灭了""骗局戳穿了"等说法喧嚣一时。我一直认为,不能把一个人和一家报纸等同起来,不能把一个人和一所学校等同起来,也不能把一个人和一个教学模式等同起来。这种"等同"的确是一种简单化的思维。

当然,一些朋友现在有这种简单化的思维和李炳亭是有直接关系的。对于李炳亭,我不能因为他现在"出事"了,就讳言他是我的朋友,或者赶紧和他"撇清关系"。他现在触犯了法律,咎由自取,自有法律处理他。同样,许多与李炳亭相关的"经济犯罪",是事实还是传闻,最后都应该由司法机关说了算。我们应该尊重法律,我们没有理由离开法律凭想象去演绎一些耸人听闻的"情节"。

李炳亭为人豪爽、仗义，工作起来很拼命，但他有时候思想偏激、思维极端，无论贬人还是夸人，说话都特别"狠"。我和他是在网上认识的，当时我主持"教育在线"论坛，他在上面骂了不少人，而且骂得特别刻薄、特别伤人自尊，尤其是伤害了许多善良纯朴的一线教师；幸好他对我还比较客气。当时我就劝他，别骂人，有话好好说。同样，他夸起人来也没上限，语言特别夸张。因为他有这个特点，所以在宣传杜郎口中学时，自然就有许多离谱的话。我曾经在开会时当面表示过，对他的一些说法"不敢苟同"，比如"杜郎口中学的课堂改革是中国课堂教学改革的元年"等。我在七年前公开发表的文章中，不止一次质疑李炳亭的一些说法。这些文字现在都可以查到。

尽管李炳亭曾经是杜郎口中学最积极的宣传鼓吹者，但他毕竟不等于杜郎口中学。杜郎口中学既不是他说的那么"神圣"，也不是现在一些人说的那么不堪。无论是以前不着边际地把杜郎口中学吹上天也好，还是现在咬牙切齿地说杜郎口中学的改革"其实是一场骗局"也罢，杜郎口中学从容淡定，不惊不诧，就在那里真实地存在着。

二

抛开李炳亭不论，关于杜郎口中学的课堂改革，从他声名鹊起之始就一直有着激烈的争议，就像现在人们对北京十一学校的争议一样。这很正常。我就是在杜郎口中学备受争议的时候，三次去了杜郎口中学考察，还进行了暗访。我因此得出结论：杜郎口中学的课堂改革是真实的，是符合该校实际的，他们的成果是显著的，崔其升和他的同事们的拼搏精神和改革勇气是值得敬佩的；但其经验并非"放之四海而皆准"——杜郎口中学的具体做法是和他们地区、他们学校、他们学生的实际情况相适应的，如果其他学校也有相同或类似的"实际情况"，当然可以学，但对于杜郎口模式很难也不应该如"农业学大寨"一样强行推广。

我当时这样写道："如果我们的教师专业水平不太理想，同时我们的学生整体素质太不理想，而我们又想让教师的专业水平和学生的整体素质都得以提高，那么，借鉴杜郎口中学的课堂模式应该是不错的选择之一（注意是'之一'）。这话也可以反过来说，如果教师人人都学识渊博、技艺精湛，学生个个都聪明绝顶、能力超强，那完全不用学杜郎口中学——这样的教师，这样的学生，怎么上课都行，教学质量肯定都非常棒！"

我当时还说：

杜郎口中学成功的秘诀在于，他们选择了最可能也最容易改变的因素——课堂教学方式。通常情况下，我们无法改变统编教材，无法改变考试制度，也无法短时期内改变教师的素质，更不可能改变生源状况，剩下的就只有课堂教学方式了——这是我们唯一能够改变的。杜郎口中学正是从这里入手，开始了轰轰烈烈又扎扎实实的改革！

所谓"三三六"之类，是专家们的提炼，而杜郎口中学的老师们最初的想法没那么"深刻"和"复杂"，他们无非就是遵循常识而已。让学生学会学习，并不停地讲，教学质量自然提升。最好的学习，就是给别人讲，这是个常识。这个常识很深刻，也很朴素。多年来我们把这个常识给忘记了，不停地给学生讲，却不让学生讲。于是，知识在我们教师头脑里记得越来越深刻，学生却什么都没记住。杜郎口中学的老师们相信了这个常识，并利用了这个常识，让学生在课堂上不停地给别人讲，成绩当然就提升了。就这么简单。

这么多年过去了，今天我依然坚持这个评价。

三

不过，我当时也指出，学习杜郎口中学的目的，绝不是要克隆出一批"杜郎口"。且不说是否真能克隆，即使成功地克隆了，这对被克隆的学校而言未必是一件好事，对中国教育更不是一件幸事！但问题在于，当初许多地区和学校在学杜郎口中学的时候，恰恰是不顾所在地区和学校的特点，简单化地一刀切，"强行推广"，正是希望"不走样"地复制出一批"杜郎口中学"——这在某种程度上是李炳亭"夸张宣传"的误导所致,所以引起了很多老师的反感。因此,他们现在"听说"杜郎口中学"终于坍塌了",便特别"舒心",特别"解恨"。但当初学杜郎口中学的时候,原本就没有与本校的实际结合,只是简单地生搬硬套,怎么能够反过来骂杜郎口中学"骗人"呢?东施效颦的后果只能由东施自己承担,怪不得西施。

作为一所新建学校,我所在的武侯实验中学从建校之初起,就一直在学习包括洋思中学、东庐中学、杜郎口中学等学校的课堂改革经验。我还请崔其升到我校作过报告,也带领过我校老师到杜郎口中学实地考察观摩。然而,博采众家之长,终究还得结合自己的情况予以消化,实现"创造性转换"。杜郎口中学课堂模式的精髓,是让学生成为学习的主人,这个原则是"普世"的,但这一原则的呈现方式则应该因校而异,因师而异,因生而异,因科而异。比如,所谓"因科而异"就是根据不同的学科采用不同的教学方式体现"学生主体"的教学理念。我有感于现在所有学科都必须遵守同一的流程、步骤,便经常对我校行政班子和老师说,要探索如何在不同学科的课堂上呈现出课堂改革的基本理念,应该在坚持民主、平等、尊重、自主等理念的前提下,让不同的学科根据自己的特点以不同的方式呈现这些理念。比如,把学科大体分为人文类(比如语文)、知识类(比如数学)、技能类(比如体育)、综合类(比如外语)……这些不同类型的课应该有着自己富有个性的操作流程,同时又紧扣"让学生成为学习的主人"这一根本理念。

四

记得杨东平先生曾经问过我:"你觉得杜郎口中学的教学模式是不是适合于所有学校?"我说:"不,杜郎口中学的课堂形式往往只适合于和杜郎口中学相类似的学校,比如生源总体上不太好,教师的专业素质相对不太理想,学校地处城郊或者就是农村学校。而城市重点中学尤其是名校,则不适合学杜郎口中学,一来,这些学校已经形成了自己独特而有效的教育教学传统，没必要对课堂教学方式'大动干戈'；二来，这些学校的教师专业素养都很高，肚子里有货，而且很能讲，那就还是以教师讲授为主比较好，不用强行规定教师的教学方法，任他们自由而个性化地教学即可，有学问的老师哪怕偶尔'满堂灌'都不要紧，因为他们的每一句话都可能点燃学生的思维，都为学生课后的学习开辟了广阔的天地；三来生源好，学生素质很高，自学能力强，课后一般都能在老师的引导下自己获取知识。但是，对很多普通中学来说，教师很敬业，但专业素养相对欠缺，尤其是学养不够，因此，有必要在课堂教学上有相应的规范，包括教学模式的统一。"

崔其升校长说，最初他萌发让学生上讲台的原因，是他听课时学生的一句话："老师讲得这么差，还不如我自己学呢！"崔校长干脆就让学生们自己学甚至自己讲。就这么简单。试想一下，如果学养和专业素养相对薄弱的老师，也"任其自由发挥"地上课，结果会怎样？我估计，至少起码的教学质量是难以保证的。实践已经证明，杜郎口中学采用自己的模式教学极大地提高了教学质量，创造了教育的奇迹。这是不争的事实，杜郎口中学的每一个毕业生和他们的家长都可以证明。

五

但是，从 2014 年起，杜郎口中学放弃了最初的"三三六"课堂模式，不再限定教师在课堂上只能讲 5 分钟，而是让教师在课堂上有更多的自主权。于是，我听到了一些人的评论："崔其升不得不放弃'三三六'课堂模式，这宣告了杜郎口中学课堂改革的失败！"正如当初许多人质疑杜郎口中学时他们没有一句"反驳"一样，这次我也没有听到杜郎口中学发声。他们用实实在在的"做"，来回答各种声音。

现在杜郎口中学的课堂上，依然体现着学生自主学习的精神，教师作为学习共同体的一员，承担着组织者、点拨者和分享者的角色——组织学生在课堂上自主学习；点拨学生的疑难困惑；与学生分享自己的学习收获。至于教师在课堂上讲不讲，讲多少，讲多久，完全让学生根据课堂情况自己决定。崔其升校长对我说:"以前之所以要搞'三三六'模式,要限制老师讲的时间,是因为那时候老师们普遍无视学生学习的主体地位,'一讲到底''满堂灌'简直根深蒂固,所以我们不得不采用严格的模式强迫老师少讲。经过几年的努力,老师们通过'三三六'模式不但已经完全转变了观念,而且也完全适应并习惯了学生自主学习的课堂方式。在这种情况下,我们便把教学自由还给了老师。"

原来如此。从"三三六"模式的限制,到后来"三个角色"的放开,这是杜郎口中学课堂改革的不同阶段,恰恰是推进与发展,怎么能说是"失败"呢?又是几年过去了,杜郎口中学的教学质量依然在当地名列前茅。杜郎口中学的老师们再次用行动为自己赢得了尊严。

六

在我写这篇文章之前,采访了一位内蒙古的老师,她叫李翠云,是内蒙古乌兰察布市集宁新世纪中学的老师,目前在杜郎口中学挂职锻炼已经两个月,并兼任八年级一个班的英语课。我从她那里了解了杜郎口中学的现状。

李翠云老师这样给我介绍她看到的杜郎口中学的课堂形式——

从杜郎口中学最早的"三三六"教学模式,我们才知道,原来课堂也可以这样,学生分组学习讨论,没有讲桌,教师成为学生中的一员,而学生是课堂的主人,这种模式打破传统,给了学生更多的学习的自由选择,也给了他们更多的自信。

如今,杜郎口中学的课堂依然在不断摸索,不断改进。通过一个多月的学习和实践,感受到现在杜郎口的课堂在继续注重对学、群学和关注学生展示高标的基础上,更加注重实效性,由此,课堂不再拘泥于模式,而是根据课堂需求,教师随时引导和点拨。常态课课堂流程是这样的:学生板书→晒误台全班剖析→分配任务小组交流→小组展示分享成果→多种形式进行反馈(帮扶小对子互查,教师回访,组长换小组针对重点同学进行抽查，板面前出题检测，纸面上进行笔头沉淀）→达标反馈（分层）→课后反思。加强了小对子的帮扶，更有针对性；老师回访，也是回访对子，因此小对子利用得非常充分，效果也很明显。教师根据学生提出的问题及自己备课过程中确定的重点，进行学案的设计。学案可以采用版块式设计，如文本探究（结合文章内容设计不同形式的问题）、词性区分、易错预设等。以上部分学习环节可以融合在一起。

杜郎口的教师注重课堂效率，因此他们积极思考，努力改进，一小部分教师正在探索立体式课堂，即让整个课堂转起来，避免了由于班级人数多、程度参差不齐，小组学习也不能关注到每一个学生，更加提升学习效果。把所有的课堂任务分别进行，因此整节课学生是忙而有序的，有的在展示，有的在上板，有的在抽测，每一个任务参加的学生基数变小，因此质量得以提升。让学生整节课忙碌而有收获，这样的课堂值得借鉴。

七

让李翠云老师感动的，不仅仅是杜郎口中学的课堂。"在朝鲜的每一天，我都被一些东西感动着，我的思想感情的潮水，在放纵奔流着。它使我想把一切东西都告诉给我祖国的朋友们。"《谁是最可爱的人》中这几句著名的话所表达的情感，完全适合李翠云老师。她一边学习一边感动，夹叙夹议地写下了一万三千余字的学习感悟。她真诚地想把她看到的"好教师认真敬业、积极奉献，好课堂善于思考、蓬勃活力，好集体团结一致、上下一心"的真实做法告诉更多的人，她还结合她所在的学校的改革进行了思考。请让我摘录一些片段——

当我第一次作为杜郎口中学的一员站在台上参加反思会时，才真正近距离感受到他们发自内心的蓬勃向上的力量，文本背诵你争我抢，热身舞激情澎湃，同样的背诵，我们被动为之，他们是发自内心地想去展示自己、锻炼自己、提高自己，同样的舞蹈，他们发自内心地喜欢，认为是锻炼，是放松，更是展示学校最好的精神面貌，而我们是完成任务，没有跳出舞曲原本应有的动感激情和热情。在这里，老师们每一个动作都是认真、有力、到位的，不是轻描淡写，更不是敷衍了事。

我深深地感受到了我们和杜郎口中学的不同，做同一件事，我们只是去做了，并没有全力以赴，更没有做到极致，而杜郎口中学却团结一致全身心投入地去做，并且一直坚持，不断改进，直到做到最好的状态，并使之成为常态，这就是差别。

在这里，扫地、扫环境区同样扫到极致，一尘不染，擦板就擦到明亮，包括食堂餐桌的洁净，绝不会有一丝污渍，没有差不多，没有将就，只有保持规格。从上到下，从学生到老师到领导，从保洁到门卫到食堂人员，形成习惯，形成整体氛围，形成一种积极向上、不服输的精神，要做就努力做到最好！这就是杜郎口中学做人的品格和责任心！更是杜郎口中学生生不息的正能量！

……

以上只是李翠云老师长长文章中的一些片段。比起那些从没到过杜郎口中学的人作出的种种"断言"，上面的每一个字都是她根据自己亲眼所见而写。

八

当有人在说"杜郎口中学破灭了"的时候，崔其升校长却对我说："杜郎口中学比过去更好了！'好'的主要标志，不仅仅是教学质量提升，更主要的是老师和学生的精神面貌焕然一新。"他说，老师们对自己的要求更加严格，自我反思更加自觉，超越个人名利，一心为教育；现在学生在课堂上的投入比过去更加主动，课堂探究的欲望更加强烈。"所以，尽管我们每年的新生小学毕业测试排名在全县15个单位中，连年倒数。但三年后的中考成绩，我们连续名列前茅。"崔其升校长自豪地对我说。

不少学校一旦"成名"便有了"名校效应"，许多外地"优质生源"便源源不断，这就是所谓"优化生源"。但杜郎口中学却无法"优化生源",崔校长说:"没法优化,我们是农村学校嘛!全部都是本乡镇小学毕业生,全部入学,进行义务教育。没有择校生。"

多年前,有人曾经问我:"你认为现在有不靠优化生源而取得优异教育成就的学校吗?"我回答:"当然有!比如杜郎口中学!"这也是我敬佩崔其升的重要原因之一。一不挖优生,二不撵"差生",踏踏实实地搞课堂改革,从最后一名抓起,十年磨一剑,终于成为全国教育改革的典型。而且成名之后,该校由于地处偏僻,生活条件很差,到现在都还没有出现像有的名校"一炮打响"之后优秀生源云集的壮观场面,也就是说,至今他们依然没有"优化生源",依然教着当地农民的孩子,而且依然一年一年地成绩斐然。这样的名校,我服!

我想到,前几年杜郎口中学门庭若市,前去学习的老师络绎不绝,有时候甚至每天都有好几百人。现在当然没有过去那么"喧嚣"了,但学校也从来都没有被冷落过,因为参观者从来就没有间断过。

九

说到现在外界对杜郎口中学的负面评价时,李翠云老师说:"说这些话的,大多不了解杜郎口中学。"是的,很多人连杜郎口中学都没去过,依据道听途说,就想当然地作出各种断定。如果亲自到杜郎口中学,全天候深入了解这所学校,深入他们的课堂,深入接触每一个老师和孩子,任何一个不带偏见的人就会觉得:杜郎口中学是真的,绝不是假的;他们的课堂改革依然红红火火,继续在推进,在深化。杜郎口中学不存在"神话破灭"——没有"神话",谈何"破灭"?

对于外界"杜郎口中学晚上都要加班加点补课,由老师讲,白天让学生讲,所以很假"的传闻,李翠云老师说:"没有的。杜郎口中学真正做到了学生'零'作业,因为所有问题都在课堂上解决了。学生的晚自习就是预习,老师当然也要辅导,但绝不是一般人认为的那种补课。"杜郎口中学其实是透明的,因为随时都有外校老师参观,许多人就住在学校,如果真的晚上"加班补课",那谁都看得见,想隐瞒也不可能。

北京师范大学《中国教师》杂志社优质教育研究院的田院长研究杜郎口中学已经很久了。田教授认为，杜郎口课堂的根本是教师的"两背"和师生的"三全"。所谓"两背"，第一背是背诵学生发展核心素养，这是中国教育的最高专家制定的最高政策，是指向性的；第二背就是背诵所教知识内容以及知识框架梳理，所有的知识点都要内化之后背诵。所谓"三全"是"全力以赴""全员参与""全程参与"，所有的教学活动，师生都以"三全"保证了教学的高质量。估计有些人听到这些，又会批评杜郎口中学教学生"死记硬背"了。对此我只想说，作为掌握知识的一个环节，"死记硬背"有什么错？

十

杜郎口中学当然有其不足。那天就有网友对我说，他去杜郎口中学，学生进进出出，根本不向他问好。这当然是遗憾，不过我想，杜郎口中学这么多年来每天都有人参观学习，可能孩子们已经见惯不惊了。不过，杜郎口中学的不足还不仅仅是这个。比如，有学者指出，杜郎口中学的教育教学改革更多的还是"知识本位"；又如，其学校管理方式相对比较传统，离现代管理理念还有距离；再如，无论教师还是学生，他们的知识结构似乎相对比较单一，文化视野还不够开阔……虽然我觉得对一所农村学校来说，这些评价可能有些"苛刻"，但一所知名学校的改革既然引领着中国教育发展的方向，那么我们对杜郎口中学有更多、更高的期待，也在情理之中。

曾经有人问我："你怎么看待杜郎口中学和北京十一学校的改革？"我当时以略带调侃因而不那么严谨的口吻说："杜郎口中学是初级版的北京十一学校，北京十一学校是高级版的杜郎口中学。"我知道，我这样说可能会让人感到有点"无厘头"。其实，我这样说，无非是表达了我对这两所充满争议的学校的改革精神的理解——虽然这两所学校的课程、课堂和教法，包括教师的情况等因素都完全不同，但是，第一，他们在"尊重学生"这一点上是完全一致的；第二，他们在根据自己的实际情况采用最适合的教育教学方式上，是完全一致的。地处山东省聊城市茌平县的杜郎口中学，条件比较艰苦、简陋，农村学生基础也不太理想，可崔其升的改革依然体现了李希贵"以人为本"的理念，所以我说它是"初级版的十一学校"；地处京城的十一学校，在许多方面都有着更加得天独厚的条件，有着更加理想的教育改革平台，于是李希贵的教育改革更大胆、更全面、更有突破性，但理念依然和崔其升的想法一样朴素而符合常识——"以人为本"，所以我说它是"高级版的杜郎口中学"。

当年红军在长征途中艰难跋涉时，远在上海的鲁迅写下这样的文字："那切切实实，足踏在地上，为着现在中国人的生存而流血奋斗者，我得引为同志，是自以为光荣的。"我想借用鲁迅当时的情怀以及这段话，并改动几个字，向山东杜郎口中学、北京十一学校，以及所有改革的学校致以崇高的敬意："那切切实实，足踏在地上，为着现在中国人的教育而改革奋斗者，我得引为同志，是自以为光荣的。"

2017年1月3日于上海至成都的航班上

附　录

对崔其升的两次电话采访

第一次（2016年12月25日）：

李：现在杜郎口中学的情况怎样？

崔：很好，我觉得比过去更好了。

李：更好了？哪些方面？

崔：一个是老师的修养，老师们对待工作想的就是把自己的最大价值释放出来，他们具有良好的精神状态、工作状态。原来可能还有个别老师打自己的小算盘，要谋求自己的最大利益，而现在绝大多数老师在这方面已经不再为个人利益去盘算，他们认识到活着就得多做有益于人的事，得为教育作贡献，得把孩子培养好。最近这几年，绝大多数老师就一心一意地想使自己工作的价值、意义最大化。

最近外来参观的少了，也有来的，而且来的都很感动，感动于一所公办学校老师们的工作状态。因为有的学校出人不出工，出工不出力，在单位吊儿郎当地混，混退休，等好事。而杜郎口呢，老师们积极主动、忘我忘名忘利、负责任、敢担当，这和现在社会主义价值观是吻合的。

这几年我也是狠抓人心的净化。我29岁患上糖尿病，我说我可能会早一些时日离开人间，我得对社会、对孩子做一点有价值的事情。我把这个思想逐渐给老师们渗透，他们也感觉到了。我多做事儿，我做的成绩大，内心有一种存在感、成就感。整个学校形成了一心一意为公，为工作着想的文化氛围。有个内蒙古来的李翠云老师，来杜郎口一个月了，在这儿挂职。她深入到学校内，并且教了英语学科，她很有感触，也很感动。

李：你们那里现在参观的人不如过去多了，但陆陆续续还是有，是吧？

崔：有。上一周北京怀柔就来了15个。再上一周，云南贵州的，都有。人数是少了，但没有间断过。

李：你刚才说两个方面的变化，一个是老师，第二个呢？

崔：第二个就是教学。对于教学，老师的最大职责，不是授课，而是把孩子的求知欲、表现欲、上进心激活。孩子都是在自主、自觉、自愿的学习状态当中，没有老师外力的强加。孩子们现在逐渐把课堂做成了擂台赛、比武场、演讲会，人人都是课堂的一分子，一个也不能少。每个学生都把自己的才华、潜能挖掘出来，证明自己的存在，证明自己在这个班里不是别人看不起的那一位。这一方面有很大的进展。

李：课堂结构是不是还是我们当时来看的几大块，"三三六"模式？

崔：不是。刚课改的时候，如果没有一个依托，没有一个可参照的模式，往往很难推行。通过实践，逐渐培养出一大批名师。一开始是有这些模式套路，但现在没有了。

比如以前的节假日，学生在家里有两个任务：一个是复习学过的知识，一个是预习没有学过的知识，也就是自学。今年暑假里，就作了一个大胆的尝试，整个暑期让学生学下一学期的功课，开学的第一二天，全校八九年级考了个试，100分满分，平均分都在70分以上。这是一节课没上过，孩子做的结果。

李：你们这个课堂结构，是以老师讲为主，还是以学生学为主，抑或是师生共同怎么样？有没有一个大体的流程是跟原来不一样的？

崔：原来的时间分配，老师讲5分钟或10分钟，现在都没有具体的规定了。都是以学生为主，学生能自己学会、掌握那是最好，万一某个地方过不去，老师可以和他分享自己学习的成果，而不是传统那种我讲你听，现在师生有互动，以学生为主体。

李：你们现在的升学率在当地还是很好的，是吧？

崔：当初我们招入的新生小学毕业考试的时候，全县倒数。2016年初中毕业的孩子呢，中考是全县第三。就是这些年合起来，我们学校升学考试都在前五名吧。

李：你们这个生源也无法优化，是吧？

崔：没法优化，我们是农村学校嘛！全部都是本乡镇小学毕业生，全部入学，进行义务教育。没有择校生。

李：他们很多人质疑，就是杜郎口过去从表面看是学生在学，其实是加班加点在补课，包括晚自习。

崔：不是这样的，纯属谣言。

李：我记得你当时说过一句话，说好多老师到这儿参观是住在这儿，你们要是加班补课，是看得见的，是吧？

崔：对。

李：我理解你今天说的意思了，老师精神面貌变了，学生精神状态也在变。

崔：是的。

第二次（2017年1月3日）：

李：你们现在那个课堂教学模式还是原来的"三三六"是吧？

崔：不是了。

李：那你们现在的课堂模式有什么特点呢？

崔：自主式的学习。

李：老师讲不讲呢？

崔：老师不讲。老师有三个作用：第一是课堂的组织者；第二是当学生遇到困难、遇到迈不过去的坎儿时，作一下点拨；第三是分享，他自己有灵感，有超越学生的地方，分享给大家。

李：我能不能这样理解——现在的课堂上，老师是这三个角色，也不排除他分享的时候可以多讲几句，也没有限定比如只能讲5分钟。他讲多少，完全根据学生的情况而定，是不是这个意思啊？

崔：对。

李：我还有个问题，你们为什么想到要把原来的那个改成现在的呢？

崔：一开始吧，老师在传统观念的前提下，转变不了。现在呢，老师已经转变了，转变了就放开了，就不给他施压，提硬性要求。

李：我理解的是，不同的历史阶段，当时的需要，是为了达到目的，目的是要让老师转变观念；现在是转变观念了，就给他一个自由，他就不容易回到过去了。是吧？

崔：是。

李：你们大概什么时候转过来的呀？

崔：2013年、2014年吧，一直转到现在。

李：不同的阶段，达到目的了，便采用新的课堂形式。这应该是往前推了一步。

崔：对的。

动辄标榜"教育创新",至少是一种无知

几年前的一天,我读到吕型伟先生在 2003 年的一篇谈话记录,觉得句句都说到我心窝里去了。吕先生当时谈的是"要学点教育史",说的都是常识。但这些常识渐渐被人遗忘,所以先生的话特别振聋发聩。当时我就将这篇谈话记录转发到我的博客上去了。今天重读这篇谈话,再次拍案叫绝。

我是 90 年代开始读吕型伟先生的文章的,他总是通俗而深刻地阐述一些问题。后来和黄玉峰结识,谈到吕型伟先生,他十分敬佩。他说:"吕先生是一位真正的教育学者。"还说有机会的时候,陪我去见见吕先生。但直到 2012 年吕先生去世,我都没有机会见到他。这成了我无法弥补的遗憾。但每次读到他的文字,我就感到他在我身边。见与不见已经不重要了,重要的是思想上的共鸣。

对的,是"共鸣",我没有高攀。虽然以年龄论,我和吕型伟先生属于两代教育者,我是后辈;以思想论,吕先生是教育家,其见地显然远在我之上。但对教育的理解,我和吕先生还是有些也许是"偶然"的"所见略同"。比如,关于思想层面的"教育创新"。从某种意义上说,我是一个保守主义者。我曾经多次在我的文章中说,我从没有自己的教育思想,我所做的一切都不过是对我所敬仰的中外教育家思想的实践。年轻时我也曾经很想搞"教育创新",甚至幻想过"构建"自己的什么"教育思想理论

体系",不是我狂妄,而是因为有太多的专家谆谆告诫我:"不要老跟在别人的理论后面,要有自己的东西,要勇于创新。"但教育不是那么好"创新"的。尤其是我在读博期间,读了从孔夫子到陶行知,从苏格拉底到苏霍姆林斯基的教育论著后,深感教育真理就那么几条,最根本的教育思想已经被前人说得差不多了,留给我们的创新空间实在有限。到后来,我越来越不敢说"教育创新"了。

然而,纵观整个当代中国教育,今天一个"新理念",明天一个"新思维",后天一个"新突破",声称"教育创新"的人如过江之鲫,何其多矣!以各种概念冠名的"××教育"模式(诸如"希望教育"之类)就像李铁梅的表叔一样——"数不清"。面对当今各种令人眼花缭乱的"教育创新"——有人动辄说自己"首创"了什么,"第一个提出"了什么,或者说自己是"中国××教育第一人""之王""之父"……我惊讶得眼珠子都差点掉出来了。

就在这时,我读到了吕型伟先生这篇谈话。谈话记录被整理发表时,题目为《要谈教育创新,先学点教育史吧》。他一开始就尖锐抨击那些动辄宣称自己"教育创新"的人:"有的是为了出名,有的是出于无知,好像田径运动员,不知道世界纪录是多少,却自吹自己破了世界纪录。"

学识渊博的吕型伟先生梳理了世界进入近现代以后几百年间的教育史,让当代中国教育人明白,我们今天的许多理念包括"改革",并没有走出前人的视野。他说:"教育这个社会现象已有数千年历史,在探索教育规律这条道路上前人已做了大量工作,进行过无数次实验,提出过许多教育理念、理论,成功的、失败的,可以说是不计其数。如果你一点都不知道,怎么可以自吹是创了新理论、新模式呢?"

比如:"著名的人文主义教育家、意大利的维多利诺(1378—1446),在1423年制订了五条办学原则,他大概可以说是愉快教育的祖师,还办了一所学校,自己给学校取名为'快乐之家',自称是仁爱之父,学校充满人文精神。""法国的剌伯雷(1494—1553),他的代表作《伽刚丘和潘德格罗尔》,对封建制度作了有声有色的讽刺,对从封建制度下解放出来的新人给了崇高的礼赞,他主张要使全部教学变成愉快、轻松、富有吸引力的活动,'以致觉得与其说它像学生的学习,毋宁说它像国王在消磨时光'。"这可比中国今天的"愉快教育"早了六百年啊!

又如:"到19世纪末主要是20世纪初,在美国出现了一个非常重要、影响极大的教育流派,即实用主义教育思想,创始人就是杜威。他对传统教育的理论与实践发起了批判,提出儿童中心的理论,认为儿童是太阳,教师、教育工作一切要围着太阳,强调要将教育的重心由教材、教师和其它一切教育工作转移到儿童,所以也被称为教育领域的'哥白尼式的革命'。与此相关,他还提出了'教育即生长'、'教育即生活'、'学校即社会'和'做中学'等一系列与欧洲传统教育完全不同的新理念。……以杜威教育思想为指导的有克伯屈设计教学法,还有一种教学方法是废除课堂讲授,学生与教师订立学习公约,在改教室为各科作业室或实验室自学的基础上,学生按自己的兴趣,自由支配时间,各作业配有该科教师一人作为顾问,进度可自己掌握,教师检查记录,毕业时间也各不相同,这种比设计教学法更为个性化并以学生为中心的教学制度,叫道尔顿制。以上两种方法在解放前我都试过。"

看见没有?今天我们以为有着"鲜明时代特征"的一些教育改革,其实也还是走在先贤们教育实验的延长线上。

不是不能谈"教育创新",而是不要侈谈"教育创新"。什么叫"侈谈"?就是"夸大而不切实际地谈"。明明前人已经谈过的教育理念,你换了个词儿来包装——有时候甚至连词儿都没换,就说是你的"发明""发现",这就是"夸大而不切实际",就是吕型伟先生说的"不知道世界纪录是多少,却自吹自己破了世界纪录",所谓"不知道"就是"无知"。因此我说,动辄侈谈"教育创新",至少是一种无知。

各学校争相"创新"不能说和我们某些教育行政部门的评价无关。有的教育局甚至下达了学校年度的"创新"指标,并统一纳入年度考核。如此一来,各个学校当然只好纷纷"创新",许多假"创新"自然层出不穷。任何一项创新成果的出现,都是有其自身规律的,而且需要时间更需要实践,不是像买商品一样,揣着钱直接到商店就瞬间搞定。如此"大跃进"般的"创新"就是典型的浮躁。

观点碰撞

当然，浮躁的远不只是教育，现在整个社会都是如此——或者毋宁说，是整个社会的浮躁打破了教育应有的宁静与从容。自从1995年江泽民同志在全国科学技术大会上提出"创新是一个民族进步的灵魂，是一个国家兴旺发达的不竭动力"之后，"创新"成了热词，整个中国掀起了"创新"的热潮。对于一个国家来说，这是值得赞扬的，是令人欣慰的。因为当今时代，国家间民族间竞争的核心其实就是创新力。但浮夸式的"创新"却只能产生泡沫，而不是真正的创新。"人无我有，人有我新，人新我精"这样的创新理念用于企业产品，毫无疑问是对的，但学校不是企业，教育不是科技。

这涉及对"教育"的理解。我认为，教育更多的是属于人文而不是科学——注意，我说的是"更多的是属于人文而不是科学"，意味着我不排除教育也有科学的属性，但"更多的"是属于人文。这个话题如果往深处探讨，空间还很大，甚至可以说比较复杂，但我这里只想简单地强调一点，科学（技术）产品的发展就是一代一代不断被刷新被淘汰的过程，而且更新换代速度越来越快，创新速度稍微慢一些就过时落后了。最典型的例子就是手机的更新换代以及不同品牌手机的市场竞争。但人文成果不是这样的，所有人文成果都指向人的思想、情感、价值、精神，包括社会理论。这些成果一旦问世，就是不朽的。它可以被完善被丰富，但不可能被替代被淘汰——屈原的诗歌会过时吗？贝多芬的音乐会落伍吗？教育理念的生命力同样如此。孔子、苏格拉底、卢梭一直到陶行知、苏霍姆林斯基等教育家的理论也永远不会失去鲜活的勃勃生机。所以我说，在根本的教育理念方面，前人说得已经差不多了，我不敢说绝对没有创新的空间，但这空间委实不大。

包括我参与的"新教育实验"，从我们所倡导的理念来看，也了无"新"意："营造书香校园"新吗？"为了一切的人，为了人的一切"新吗？"尊重学生的个性"新吗？"无限相信教师和学生的潜力"新吗？……都不新，都是中外教育家说过的。因此，"新教育"的理念其实并不新，都是古今中外经过无数教育家们倡导过甚至实践过的真理。当然，我们也可以对"理念创新"赋予新的理解。朱永新老师在谈到"新教育实验"时，这样说:"当一些理念渐被遗忘,复又提起的时候,它就是新的;当一些理念只被人说,今被人做的时候,它就是新的;当一些理念由模糊走向清晰,由贫乏走向丰富的时候,它就是新的;当一些理念由旧时的背景运用到现在的背景去继承、去发扬、去创新的时候,它就是新的……"我们可以从这个意义上理解教育的"理念创新"。

如果"教育创新"更多的是指教育技术、教育手段、教育模式(包括课堂模式)、教育方法、教育评价、教育机制等等的变革,那我认为"教育创新"是必需的。比如现在的信息化时代,对我们的课程整合、师生互动、课堂呈现甚至学校形态都产生了影响,从这个意义上讲"教育创新",不但完全可行,而且大有可为,前景广阔。

不过尽管如此,也不要动辄就说自己是"首创",是"国内率先",是"第一人",以免如吕型伟先生所说:"不知道世界纪录是多少,却自吹自己破了世界纪录。"我还联想到著名语文特级教师兼杂文家吴非辛辣的文字:"不要动不动就吹牛,说自己做的事全是'史无前例','开创性工作','成功地改造了什么''填补了什么空白'……你把本领域的文献全看过了吗?你把中国的、外国的'史'全读了?还有那些贻笑大方的故事,听得还少吗?"

老老实实地做教育,安安静静地办学校,朴朴素素地做教师,就挺好了。是不是"率先",真的不重要。

2017年2月2日

自由，是教育创新的前提

（今天下午，成都一群热爱教育的志同道合者和来成都度假的杨东平教授一起开了一个小型座谈会，主题是"教育创新与教育现代化"。下面是我的即兴发言。）

我先接着刚才说的"减负"谈谈我的看法。现在中小学生的学习负担很重，这是不争的事实。有老师说，学习不可能一点负担都没有，我们要减的是不合理的负担。我认为，"负担"这个词在通常的运用中，其含义就是"不合理的负担"，所谓"不合理"有三：第一，不科学，违背教育科学，无助于学生掌握知识，甚至起相反的作用；第二，无效，简单机械地重复练习；第三，被动，即学生是被动地接受负担。如果学习任务是符合教育科学的，是以一当十的有效练习，学生是主动学习，且乐于学习，那么这样的学习任务，就算是很多，也不能说是"负担"。陈景润一天到晚都在小屋里演算数学题，他一点都不觉得是"负担"。

要真正实现"减负"，目前的可能性几乎没有，我是很悲观的。因为在我看来，要做到真正的彻底的减负，至少必须在三个方面同时进行：第一，个性化的教学，就是针对每一个孩子实施教学，布置和这个孩子知识基础、学习能力相适应的作业内容和作业数量。不可搞一刀切。只要符合个性，有的孩子给他布置一道题，而有的孩子给他布置十道题，都是合理的量。第二，个性化的评价，就是不只是用分数这把尺子衡量孩子的成长，还有许多把尺子，综合全面地评价孩子。分数当然是其中一把重要的尺子，但就算是分数评价，也不用统一的试题和分数评价所有的孩子。第三，个性化的升学，不要把所有孩子都往重点大学赶，也不要把所有孩子都往普通大学赶，甚至也不用把所有孩子都往大学赶。要根据他们的个性、特点、兴趣、气质、意愿，使其或读大学，或入高职，或上技校，因此个性化升学，实质上是个性化就业。当然，这需要全社会观念的转变。只有这样，学生的"负担"才可能真正减下来。但至少目前，我看不到这样的希望。

好，说到"教育创新"，2003年，吕型伟先生就说："要谈教育创新，先学点教育史吧！"他梳理了世界近现代教育史，说明我们今天的许多"教育改革"，其实几百年的教育先贤们就在做了，比如"愉快教育"，几百年前就开始有人做了。那我们是在什么意义上或者说什么层面上讲"教育创新"？如果是在根本的教育理念上讲"教育创新"，我认为几乎没有什么空间了。从亚里士多德到陶行知，教育真理基本上被中外教育家说透了，说尽了，供我们"创新"的空间实在有限。而教育真理就那么几条，如"以人为本"，"因材施教"，等等。所以，有人动辄就声称自己"创立"了什么"全新"的教育理念，"第一个"提出了什么教育概念，这简直是无知。如吕型伟先生所说："不知道世界纪录是多少，却自吹自己破了世界纪录。"

现在，教育上许多概念是混乱的，比如"特色"。一个学校有特色当然是很好的，但现在的问题是，许多学校的"特色"是假的，因为上面要求每一个学校"必须有特色"，学校只好随便报一个新的概念。有的"特色"，就内容而言倒不假，但那并不是特色，而只能说是"长项"。比如，一个学校说"篮球运动是我们学校的特色"，因为该校的篮球运动开展得很好，而且经常夺得比赛大奖。可是，别的学校也有篮球运动啊，只是没有你们学校好，这怎么能说是你们学校的特色呢？你做得比别人好，成果比别人突出，这只能说，篮球运动是你学校的"强项"，或者说"亮点"，不能说是"特色"。青岛三十九中开发了一门"特色课程"，就是"海洋课程"，那真是人家的特色，因为其他学校没有。也只有他们学校才能开发这门课程，因为该校背靠中国海洋大学，面朝大海。这就是真正的特色。可是，现在几乎每个学校都在说自己"有特色"，这里面有多少是真的特色？

再说回"教育创新"这个话题。我刚才说了，从教育思想层面谈创新，恐怕很难。但是，如果这个"教育创新"是指教育手段、教育模式、教育方法、教育机制等的变革，我认为是可以的。比如现在的信息化时代，对我们的教学方式、课堂形式甚至学校形态都产生了影响，从这个意义上讲"教育创新"是可以的。创新，是对教育弊端的革除。我认为，自由是教育创新的前提。就我所熟悉的基础教育而言，具体体现在以下四个方面：

第一，大幅度地提高教师的待遇。教育的所有问题最终都得靠教师去解决，因此整个国家应该设法让最优秀的人来当教师。我曾经有一个错觉，觉得现在愿意当教师的人很多很多，因为20年前到学校应聘的人并不多，而现在，每年公招教师，报名者十分踊跃，报考人数远远超过了实际招收的人数。可是所有应考者中，真正拔尖的优秀人才是少数甚至个别，多数则并非综合素质上乘的，很多人并不是真心热爱教育，只是觉得教师毕竟是个"铁饭碗"；而且有的人在报考教师的同时，可能还报考了其他行业，最后他还不一定来从事教育。因此，我们要想办法吸引我们国家最优秀的人当老师。如何吸引最优秀的人才进入教育领域？当然不只是提高物质待遇，但较高的待遇肯定是最重要的条件。实际上，现在的教师待遇并不高，有的地方还相当低。至少和公务员比起来，实际收入要低得多。我最近准备做一件事，搞一个调研，用数据说明教师目前真正的待遇究竟如何。

第二，给办学者以自由。现在的校长一点自由都没有。我这里说的"自由"，首先是办学思想的自由，其次是调进优秀教师的自由，还有管理学校的自由，支配自己时间的自由，等等。现在的校长被各种因素制约着，有想法也无法实施。举个简单的例子，刚才徐局长说他20多年前大学毕业去公办学校应聘时，只要校长满意，马上就可以拍板要他。现在可能吗？现在哪个学校的校长敢说，他看中了的老师就能调进来？武侯区教育局在川大附中西区搞"两自一包"的改革获得成功，就是给了校长自由。所谓"两自"就是"校长自主管理学校，自主招聘老师"；所谓"一包"，就是"办学经费包干"。其实，严格说起来，这还谈不上真正意义上的改革，因为"两自一包"不过是办好一所学校起码应该遵循的常识而已。难道校长不应该自主管理学校吗？难道校长不可以自主招聘老师吗？把这些自由还给了学校，哪有办不好的道理？有了自由，校长才可能放开手脚搞教育创新。

第三，给教师以教育教学的自主权。现在教师也被管得太死，严重束缚了教师创造力的发挥。当然，学校必要的管理制度是应该有的，教育教学秩序必须得到保证。比如，教师不能旷工，上课不能迟到，作业必须批改，等等，这些基本的纪律要求是应该的，也是必需的。但是，具体到课怎么备，怎么上，教案怎么写，作业怎么改，班级怎么管理等等，则应该给不同的老师不同的要求，不可一刀切。比如，对刚入职的年轻老师，备课、写教案肯定就有比较具体的规范性要求，而对有一定教龄和经验的成熟教师，则可以把要求放宽，对那些非常优秀的教师，甚至可以不提任何教育教学的要求，管他写不写教案（不写教案，或写简案，不等于他没备课），管他用什么方法上课，给他自由！班主任如何带班，如何开班会课，教室里如何布置，歌咏比赛唱什么歌，等等，都让他去随意发挥。有了自由，有了自主权，课堂和班级才会成为教师创造的舞台。

第四，评价的多元化。现在为什么教育创新被严重窒息？大家都说，是因为高考指挥棒。我认为的确是这样的。以中高考成绩论英雄，一考定终身，分数决定命运……这一切都"指挥"着学校教育的方方面面，因为一切都为分数服务，哪敢有半点"创新"？可怕的是，每一个人——校长、教师、家长，都合伙用分数去压迫学生，我们却找不到责任人！因为每一个人都说"自己是无辜的""我也没办法""我是为学生好""你以为我愿意这样吗"……教师说"是校长在逼我"，校长说"是局长给我下达的质量指标"，局长说"整个社会都在看着我"。其实，"责任承担者"就是单一评价方式。能不能让评价多元化？能不能不仅仅用分数评价学校、评价教师、评价学生？能不能让能上大学的上大学，能读职高的读职高？能不能建立一种更综合的、更科学的、更全面的而且可操作的教育质量评价体系？评价的多元化，将释放校长、教师和学生的创造力，教育必然充满活力。

2017年1月23日

有些家长为何要逃离中国教育?

"为普通的孩子办好每一所学校。"这句话了无新意,今天重提我是有感而发。

媒体报道,两会期间清华大学副校长施一公教授谈到对优秀高中生出国的忧虑。施教授认为,近年来高中生出国现象愈演愈烈,尤其是高中的优秀学生群体中,出国的越来越多,这对国家高等院校的发展、人才培养的影响是深远的。"智力流失对国家发展造成影响,建议国家作出一些应对,比如现在的公办教育做得好,对民办教育是不是可以给予更多的支持,作为对公办院校的补充?这样的做法,是不是有助于留住优秀人才?"施教授说。

其实,优秀高中生恐怕还不能算"优秀人才",不过他们至少是最具成为优秀人才潜质的孩子。因此我完全同意施一公教授的建议。如果最优秀的孩子从高中阶段就开始流失,的确是我们国家潜在的损失,所以国家采取一些措施遏制这种流失的势头,是有必要的。不过,我想补充的是,国家不应该仅仅是为了"有助于留住优秀人才(这里,施教授指的是优秀高中生)"才办好民办教育或者办好教育,而应该是着眼于为每一个普通的中国孩子办好每一所学校——无论小学、中学,还是大学。

是的,中学生出国的情况的确是愈演愈烈,究其原因当然很多很复杂,但从某种意义上说其实也很简单,就是不少家长对中国的高等教育越来越不满意。作为中学教师，我不便多说，也没有具体的调查数据支撑我对中国高等教育作出全面的评价；但有一点我感受很深，就是从我接触的每年进入中学工作的大学毕业生的素质看，无论是社会责任感，吃苦耐劳的精神，还是人文素养与专业能力，真的是一年不如一年。当然不是所有大学毕业生的素质都很差，也有出类拔萃者，但平庸者的确不少，更有甚者还有一些钱理群教授所说的"绝对的，精致的利己主义者"。这些大学毕业生，有的（当然不能说是"多数"）还是硕士生，或者毕业于重点大学或著名大学。如果中国的高校再不真正彻底改观，无论国家采用什么方式"扶持"以"留住优秀高中生"，对中国大学教育失望的家长依然会越来越多，流失的"优秀高中生"也会越来越多。

其实岂止是大学教育令许多家长失望？现在不少家长从孩子读小学和中学开始，就想方设法"逃离"中国的基础教育了。我不否认如专家们所说，中国的基础教育"取得了长足的发展"；也不否认专家们说的十年新课改如何"成就辉煌"，但客观事实是，除了少数学校有实质性的教育改革因而实施了真正意义上的素质教育外，大多数学校依然是应试教育的天下。中小学生的课业负担越来越重，身体越来越差，创造力也越来越弱，是不争的事实。可孩子的青春只有一次，一旦耽误就贻误终生。于是，越来越多的家长让孩子"在家上学"（homeschooling）——据有关机构最新统计，目前中国"在家上学"的孩子已经有6000人左右，而关注"在家上学"的家长（即已经或准备让孩子"在家上学"的家长）已达25000人左右。还有一些家长，为了绕开中考和高考，干脆把孩子送进国际学校或重点中学的国际班，孩子中学毕业后直接送出国外，这样就不用和国内的"中高考游戏规则"玩儿了。于是，各种私塾式的学校，还有类似于"夏山学校"的民办学校——比如成都的先锋学校便应运而生，而且越办越红火。各地各类"微小学校"的数量也呈上升趋势。有些已经考上重点中学的孩子，也转入这类学校，为的就是我刚才所说的"逃离"。

然而，这种"逃离"成本太高，单说昂贵的学费，就不是一般工薪阶层的家长所能承受的。因此他们"明知山（应试教育）有虎"，却不得不"偏向虎山行"——把孩子往"山"里送。他们的孩子未必不优秀，却没有出国的可能，只能留在国内继续忍受"应试教育"的煎熬，然后接受中国的高等教育。如果是农村的贫寒子弟，那学习成绩再优秀，也不可能出国——对他们来说那简直就是奢望，他们未来"成才"的机会就更少了。所以，办好每一所小学、中学和大学，绝不仅仅是为了少数出类拔萃的"贵族孩子"，还应该为了优秀的平民子弟和贫寒学子。

不，这样说依然是片面的。如果往深处细想，难道我们的教育仅仅是为"优秀生源"办的吗？如果说办好高校是为了"防止优秀人才流失"，那么在高等教育已经进入"大众教育"的时代，难道我们不应该为每一个普通的孩子（包括"优生"，但不只是"优生"）办好每一所大学、中学和小学吗？教育公平和教育均衡喊了那么多年，如果我们现在依然还是"精英教育"的思维，我们的教育还对得起"社会主义"这几个字吗？如果说，在过去中国因为经济还不够发达而不得不"集中有限的财力办好少数学校"的话，那么今天的中国已经是"世界第二大经济体"了，我们还有什么理由不为中华人民共和国的每一个孩子办好每一所小学、中学和大学呢？

当然，为每一个孩子办好每一所学校，不仅仅是政府的使命，也是每一位教育者的责任。作为教了36年书并担任过九年校长的我，想到这一点只有惭愧甚至羞愧。中国的教育、中国的校长和中国的教师，是否经得起这样的拷问：我们的每一所学校是不是让家长们放心？我们的每一个班主任是不是让孩子们依恋？我们的每一堂课是不是让孩子们着迷？我们的课程是不是满足了孩子的个性需求？我们是不是能够让孩子每天晚上都有足够的睡眠？我们的教育是不是让每一个孩子的奇思妙想不被扼杀而都能够成为创造的前奏，进而让每个孩子都能赢得符合他自己个性的人生？……

对教育的选择权是公民的基本人权之一。《世界人权宣言》第二十六条第三款规定："父母对其子女所应受的教育的种类，有优先选择的权利。"我国在1997年签署的联合国《经济、社会及文化权利国际公约》第一条第一款规定："所有公民都有自决权，并凭这种权利自由谋求他们的经济、社会和文化的发展。"第三条规定："公约缔约各国尊重父母和法定监护人的下列自由——为他们的孩子选择非公立的但符合国家所可能规定或批准的最低教育标准的学校。"中国的学校应该成为中国家长的首选,尤其是中国的公办学校。

如果我们真的办好了每一所学校,中国的家长们对教育还会"用脚投票"吗?

2017年3月6日于高铁上

叩问教育
KOUWEN JIAOYU

教育不是对「外」的，而是对「内」的。有没有媒体的追捧无所谓，有没有领导的题词没关系。因为教育不是拿给别人欣赏的。

教育不是拿给别人欣赏的

陪一位来看我的老朋友转校园,自然给他谈起学校的一些事。他认为好多做法"富有创意",不停地赞叹同时又不停地惋惜:"怎么不找媒体宣传呢?这些做法多么令人欣赏啊!"我说:"为什么要宣传呢?教育又不是拿给别人欣赏的!"

我曾经在《中国教育报》上发文,希望宁静而朴素地办学,声明"成都市武侯实验中学谢绝参观"。这让很多人不解:"学校办好了,人家要来参观学习,有什么不可以呢?学校之间互相欣赏,彼此借鉴,不很好吗?"我的回答还是:"教育不是拿给别人欣赏的!"

但有意无意把教育当"欣赏品"来打造的人还真不少。每当需要"展示教育成就"的时候,比如大型迎检或有重要领导来视察等,有的学校总会提前一两个月或更早作准备:先声夺人的展板,眼花缭乱的橱窗,操场千人的吟诵,流光溢彩的演出……当然,还有被精心"提炼"出来的一套一套的"理念",这些"理念"又总是通过整齐而富有修辞美感的语句表达出来,诸如"以什么什么为导向,以什么什么为核心,以什么什么为基础,以什么什么为宗旨"或"以什么促进什么,以什么打造什么,以什么推动什么,以什么提升什么"(前一句最后一个词,是后一句开头的词)云云。总之让人感觉,教育原来可以做得如此具有"观赏性"!

恕我直言,上述拿给别人(领导和媒体)欣赏的"教育"其实并不是教育本身，那些花里胡哨的玩意儿也不是学校的常态。师生们心里都明白，别管校长在汇报时如何四言八句地吹着学校"特色"学校"创新"如何如何，那是说给领导与媒体听的。人家欣赏之后，校园归于沉静，大家该干吗还干吗。平时还是所有学校一样，上课、备课、作业、考试……毫无"欣赏价值"可言。但教育本来就是这么朴素。

不知从什么时候起，有两个词进入了教育领域："包装"和"炒作"。这与学校对发展目标的定位有关——学校究竟是为谁发展的？如果是为孩子的成长而发展，那么无论做什么，孩子天天在学校都看得见摸得着感受得到，哪需要"包装"和"炒作"呢？只有眼光对外（舆论）对上（领导），才需要"包装"给别人看见，需要"炒作"让人家知道。按这个逻辑，教育自然不是做来给别人欣赏的。而善于包装，热衷炒作，这似乎是某些校长眼里"打造名校"的一条"规律"。

都说现在的教育很浮躁很功利。芝麻大点事儿，有的校长也会很有"市场敏锐感"地想到媒体，想到"提升形象""彰显特色""打造品牌""扩大影响"……唯独很少想到本校老师和孩子是不是有实实在在的成长与收获。

回到那个朴素而深刻的问题：学校的一切是为谁而存在的？我又自然想到了几年前我参观过的帕夫雷什中学。按今天的眼光看，苏霍姆林斯基当年在德育、智育、体育、美育、劳动技术教育以及学生个性发展、教师专业成长等等方面的探索实践，是多么"极富创意"呀，又是多么"前卫"呀！但帕夫雷什中学一直没有络绎不绝的参观者，因为苏霍姆林斯基不但谢绝"宣传"，而且刻意让学校保持一种世外桃源一般的宁静。在他看来，学校的一切都是为了孩子，而不是别人。

是的，教育不是对"外"的，而是对"内"的——只要教师幸福并且成功，只要孩子快乐并且成长，就足够了。有没有媒体的追捧无所谓，有没有领导的题词没关系。因为教育不是拿给别人欣赏的。

2015年2月22日

以人为本,还是以"证"为本

这种情况恐怕不是个别的——

无论是同事,还是领导,更不用说学生及其家长了,明明都觉得某老师优秀,可放在"客观公正"的"硬条件"面前,他却"优秀"不起来。相反,另一位大家都认为"很一般"的老师却能通过同样的条件"一枝独秀"。这是些什么"硬条件"呢?其实很简单,就是各级荣誉称号、各类获奖证书,包括发表的文章等。有时候,两位旗鼓相当的候选人如果PK到最后,甚至连诸如多一面"班级卫生流动红旗"都会成为"压死"对手的"最后一根稻草"。

放着活鲜鲜的"人"不管,眼睛只盯着那些死板板的"证",这样的评选,越来越让我觉得怪怪的,甚至有些奇葩。问题是如此奇葩的评选都是打着"客观公正"的旗号,真让人无语。

回想我刚参加工作的80年代,包括稍后的90年代,那时评优选先基本上都是各教研组推荐,然后群众投票,最后综合各种因素确定优秀者。那时候没那么多的证书,可钱梦龙、于漪等一大批优秀甚至杰出的教师却脱颖而出,难道没有证书他们就不优秀?

现在各级评优选先中看重证书当然是有原因的。当今社会,扭曲的"人情味"、畸形的"关系学"甚至千丝万缕的利益链……都让本来清清爽爽的提拔、晋升、评比变得越来越"主观"。这种风气自然也不同程度地污染了本来洁净的校园。为了评个先进，捞个荣誉，有人跑关系、拉选票、请客吃饭，这几乎成了"明规则"。还有不那么正派的校长，把每次评优选先都当作一次诱饵，以笼络人心，培植亲信。于是本来应该清爽纯正的评比，便有了许多猫腻和许多不应该有的"倾斜"——唯独缺少了客观与公正！

于是，评"人"逐步成了比"证"，便成了合理的存在。毕竟，各人把自己的证书拿出来比比，简单客观，谁都没有话说。毕竟绝大多数证书都是当事人在某一方面优秀的证明。如果证书都货真价实，这种做法，在一定程度上堵住了评优腐败的路子。

但是，凡事都不可走到另一个极端。"唯证书"的评比方式所导致的结果，就是"人"失落了！因为在一个教师的教育实践中，好多因素是无法"证书化"的——尊重与平等的教育民主，亲切融洽的师生交往，和谐有效的课堂气氛，走进心灵的谈心艺术，严而有格、爱而有度的教育分寸，与学生家长"君子之交淡如水"的纯净关系，包括周末节假日和孩子在一起摸爬滚打的嬉戏以及下班后走街串巷的家访……这一切，如何用"证书"来体现？假如一位老师在这些方面常常让孩子依恋，让家长感动，但就是比另一位老师少了一篇发表的文章，或少了一面班级卫生流动红旗，便在优秀老师的评比中落选，你说公平吗？

当然是要看证书的，但如果将其推到决定胜负的高度，必然会助长一些教师争名夺利，斤斤计较，甚至弄虚作假。为了一次公开课获奖而全力以赴，"精心打磨"，而疏于班级管理和常规教学；为了一次班级操行扣分而与德育处或有关考核老师大吵大闹；为了发表文章不惜花钱买版面；为了一次技能大赛而——"走访""拜托"评委老师，甚至声泪俱下……注意，我说的这些都是有真实例子的——我担任过各种评委，这方面的"积累"颇丰。我想问，就算这些老师经过"不懈努力"而如愿了，其证书有意义吗？

而那些老老实实上课的老师，那些踏踏实实带班的班主任，因为不忍心花费太多的精力去"志在必得"而影响班级管理和孩子们的成长，因为不屑也不好意思（因为没那"心理素质"）去争去闹，最后什么都没得到。

这对他们公平吗？

我们的评比究竟鼓励什么？导向何在？

也难怪许多老师争名夺利抢证书，因为有时候某一次证书的缺失，便堵死了今后"向上的空间"。因为在不少地区，各级"优秀教师"的评选都是"台阶式"的，即如想获得某一级别的荣誉，前提条件是必须具备相邻的低级别荣誉。比如，想要参评"省特级教师"，你得是"市特级教师"；想要参评"市特级教师"，你得是"市学科带头人"；想要参评"市学科带头人"，你得是"市优秀青年教师"或"市学科带头人"；想要参评"市优秀青年教师"，你得是"教坛新秀"……而"教坛新秀"和"市优秀青年教师"都是有年龄门槛的，分别是30岁以下和35岁以下。这样一来，只要某一次机会错过了，很可能这一辈子就无法获得相关荣誉。因为你没评上"教坛新秀"自然就没有资格评选"市优秀青年教师"，那后来的一切都与你无关。因为你拿不出相关证书，别管你实际上有多么优秀，你连参评的资格都没有。这就堵死了所有教师"大器晚成""后来者居上"甚至"浪子回头"的可能！

"实事求是"喊了那么多年，为什么在评优选先这件事上就那么难呢？原因只有一个，就是图简单，图省事，只求表面上的"客观"，而牺牲了实质上的公正。因为人比证书复杂一万倍，拿出证书来放在桌上一目了然，而要综合考察一个复杂的人，多费事啊！但是，评价一个鲜活的人，难道不值得我们小心翼翼甚至战战兢兢地对待吗？

成天挂在嘴边几乎成了套话的"以人为本"四个字为什么到了这里却变成了"以证为本"呢？

"那么，您的意思是不看证书了？"有人或许会这样问我。我的回答是，当然还是要看证书，而且证书是评比中的一个重要依据，但绝不是唯一的依据。

我的想法是，每遇评优选先，首先还是群众选举，要相信多数老师还是很公正的，但不以选票多少为唯一决定因素；接下来，领导综合考察，这个考察一定要尽可能全面，但不以领导班子的意见一锤定音；然后以各种方式——包括面对面访谈、书面问卷等等——征求学生及其家长的意见,但最好不要以网络投票的方式,目前这种方式最假;最后,在同等情况下再看证书。也就是说,如果在前几关中,胜负已决,那就不用看证书了。哪怕落败者的证书再多,也不应该比前几项评比的因素更有说服力。只有在两位或几位候选人势均力敌而难分伯仲的情况下,证书才具有决定意义。

在我所在的武侯实验中学,有一个机构叫"学术委员会",这个机构由各教研组和后勤行政等部门各自推荐一名人品好、专业强的人组成,专门负责学校的评优选先和职称晋升评定。每逢评比晋升,该委员会便根据上述所说的综合情况,进行封闭的独立的讨论商榷,最后由各位委员无记名投票决定最后的结果,向全校公布。学术委员主任均由教师担任,独立负责组织委员会的各种评比活动。最后还要在全校作工作报告,向老师们通报每次会议的情况和结果。这个机构就是我校的"诺贝尔奖评选委员会"。迄今为止,凡是由学术委员会通过的任何一次评优选先和职称晋升结果,都没有老师提出异议。相反,有个别时候因为时间紧迫,而没有通过学术委员会产生的结果,倒是引起过"麻烦"和"纠纷"。因此,我建议在学校层面,评优选先由学术委员会来进行有关候选人的确定,确定的过程就是我上面所说的,首先不要看"证",而是通过各种途径全面考核"人"。

同时,我特别呼吁上级教育行政部门也改革评审方式——淡化"证",强化"人",让各种评选更科学更公正,也杜绝评选过程中可能的弄虚作假,还评选以风清气正。通过每次评比,引导老师们重于事业,淡于名利,不急不躁,淡定沉静,坦荡豁达,认认真真爱着每一个孩子,认认真真带好每一个班级,认认真真对待每一个课堂,认认真真研究每一个问题……进而获得来自孩子由衷的爱戴和家长真诚的赞誉,最后获得真正的教育幸福。

我想,这才是我们各类评优选先所追求的初衷吧?

2015 年 6 月 7 日

公民教育不仅仅是公德教育

在一个中学参观，校长说该校以"公民教育"为特色。我很感兴趣，因为我一向关注公民教育。但在该校听到的和看到的，大多是教育孩子不随地吐痰，对人有礼貌，吃饭排队，维护校园卫生，等等。这显然只是公德教育。

当然，公德教育是公民教育不可分割的重要组成部分。作为一个社会人，从积极方面说要为他人为社会作出力所能及的贡献；从消极方面说，就是不能损害他人的利益和权利。因此，现代社会的基本道德伦理应该让我们的学生明白并在日常生活中自然而然地体现出来。没有公共秩序意识、公共卫生意识、公共安全意识、公共财物意识、公共礼仪意识等为内容的公德教育，所谓"公民教育"就是不完整的。

但公民教育绝不仅仅是"公德教育"。

所谓"公民"，指的是具有一国国籍，并依据该国宪法和法律规定，享有权利和承担义务的人。这是公民的法律意义。除此之外，"公民"还有政治哲学或者说社会意义，即积极参与社会公共事务，具有独立人格与自由精神，富有社会责任感，具备诸如礼貌、谦虚、宽容、尊重他人、尊重公共规则与秩序等良好品德与风范的人。

因此完整的公民教育，至少还应包括对学生以下素质的培养——

健全完整的公民人格。饱满的主体精神，强烈的自由意识，鲜明的个性特征，追求真理，崇尚伟大与高尚，勇于自我反思与批判，尊重自我，同时也尊重他人，胸襟开阔，虚怀若谷，乐观自信，善于独立思考，不迷信权威，不屈从权势，依法维护自己的权利，监督政府依法行政……

乐于奉献的公益精神。公民的社会责任感的重要体现，就是服务社会，奉献他人。现代社会公民之间无论隔着多么遥远的物理距离，彼此都有着千丝万缕且无法分割的联系。服务他人，就是成全自己。社会的公益服务精神就是对身边和远方需要帮助的陌生人不求回报地付出的关爱精神，这是现代社会必不可少的公民品质。

公共事务的参与意识。无论是对周围，对社区，乃至对国家的大小事务，都应该有着自觉参与的意识，并付诸行动。从今天的小组建设、班级管理、社团组建以及各类竞选，还有对学校发展的建言献策，到明天对社会的热心，对国家的关注，对世界的眺望，对地球的牵挂，都应该装在每一个孩子的心中，因为这是一个公民应有的情怀。

共同价值的普遍认同。任何一个公民首先是属于其祖国的，同时是也属于世界的。因此对人类经过几千年发展历史而积淀下来的共同追求的价值观（这些价值观在相当程度上与我们正在倡导的社会主义核心价值观重叠）——民主、法治、平等、自由、人权、博爱……我们也理应让孩子们理解并逐步认同。

一次，著名主持人崔永元去北京十一学校主持一个活动，主持完后他在休息室吸烟，忽然听到一个男孩响亮的声音："谁在抽烟？"旁边有同学对他说是崔永元老师。那个男孩不容置疑地说："掐掉！"崔永元赶紧把烟掐掉，说"对不起"。后来崔永元开玩笑似的问他："你为什么不让我吸烟？我说我在人民大会堂都能吸烟呢！"那男孩说："这是我的学校！"

这就是公民教育所造就的公民。

2015年6月25日

法制教育不是"听话教育",更不是"恐吓教育"

现在不少教育者对"法制教育"的理解是片面的。在一些教育者心目中,"法制教育"仅仅是"遵纪守法的教育",就是给学生讲哪些法律(包括治安管理条例)是不能违反的,否则就会"进班房"。比如,一些学校经常请派出所或少管所所长到学校为学生作"法制报告",以大量生动形象而又触目惊心的案例告诫学生:"可千万不能做违法的事呀!"

我曾在某校的宣传栏看到这样一段文字——

开学伊始,校学生科紧扣素质教育的主题,围绕学校"外树形象,内强素质"的中心工作广泛开展各种德育工作。针对社会上忽视对少年的纪律法制教育屡屡发生青少年犯罪的现象,校学生科在全校范围内开展形式多样的法制教育,利用板报、宣传栏、广播、班会、团会课对全体学生进行广泛的舆论宣传,召开"法制教育"主题班会,通过座谈、讨论案例进行法制教育,使同学们知法、守法,进一步增强法制观念,懂得遵纪守法的道理。

类似的文字,在许多学校都可以看到,对此我们已经司空见惯。

当然,对于正在成长的青少年学生来说,这种教育当然是必要的,因为让学生学法知法守法的确是法制教育的重要内容——然而,这绝不是法制教育的全部内容。

在我看来,所谓"法制观念"主要是指人们重视和遵守法律的思想意识。而"重视和遵守法律"应该包括两个方面:一方面是根据法律规范约束自己的行为,以保证他人的权利得到尊重和不受侵犯;另一方面(实际上是同时)是根据法律维护自己的权利。因此,完整的"法制教育"应该是这两者的统一,而绝不能仅仅是"听话教育""恐吓教育"。如果所谓法制教育只是教育学生"你不应该做什么",而不同时告诉学生"你还可以做什么,而且任何人无权阻止你去做,否则你可以依法起诉他",那么如此"法制教育"的结果便是,学生只知道自己的义务却不知道自己的权利,以至于自己的权利受到侵犯居然不知道运用法律来维护——这同样是"法盲"!

某校一位高二女生应邀参加电视台的一个综艺节目,结果她意外地获得了一份奖品。但是,更令她意外的是,几天后奖品寄到学校时,却被学校办公室领取了。这位同学到办公室去询问究竟,结果被告知:"你是学校的一名学生,取得了成绩,荣誉当然应该属于学校。奖品保存在学校荣誉室,这是校长主持行政会议集体研究决定的。"如果换了其他同学,即使觉得不合理可能也就认了,但这位女同学却不服,在多次交涉无效后,她毅然把校长告上了法庭!结果胜诉。

按传统的人情观,这位中学生真是"没良心"——居然对辛辛苦苦培育自己成长的母校如此"冷酷"。但是,我认为她做得好极了!所谓"增强法制观念"的完整含义,就应该是通过学法、懂法,以便更自觉地遵守法律,同时自觉求得法律的保护。也就是说,维权也是"法制观念强"的重要体现。这位中学生用法律捍卫自己应有的利益与权利,说明她民主意识开始觉醒。

如果这样的学生越来越多,或者说,如果通过我们的教育,让学生具备全面的法制观念,那么真正的公民便诞生了。

2015年6月26日

校长应该少听课，多谈心

有一次和北京十一学校的校长李希贵聊起"校长听课"的话题，他问我："你听得懂数学课吗，还有物理课、化学课？"他的意思是他并不反对校长听课，但是校长并不一定要追求听课的数量，而应该关注比听课更重要的事。对此我很有共鸣。

许多教育局对校长的评价指标之一，便是校长每学期听了多少节课。应该说，这是有道理的。教育行政部门以"听课"来要求校长们"静下来""沉下去"，"一竿子插到底"地进入课堂，这是一种积极而有效的导向。

作为"老师的老师"，校长也必须是教育的内行——他必须深谙各种教育理念在每一堂课是怎样变成现实的，必须熟悉每一个老师的专业素养、教育智慧、教学能力乃至性格习惯等等，必须牵挂惦记并研究孩子在课堂上的思考、兴奋、凝神、发言、讨论……总之，他要对教育教学的所有环节乃至细节了如指掌。

然而，是否要将听课多少作为评价校长是否称职的主要指标，这是可以商榷的。在现行体制下，许多校长所面临的事情实在太多太杂，除了学校管理的常规事务，光接受各种检查验收就是非常繁重的负担，还要陪同前来视察的领导转校园并介绍学校情况，还要去参加上级的各种会议（很多会议往往是临时通知的），还要处理各种突发情况，还要……算了，如果继续"还要"下去，是写不完的。在这种情况下，要让校长每天或每周"必须"听多少课，是不现实的。

并且，正如李希贵校长所说：校长能够听懂所有课吗？也许有这样的校长，但恐怕不多。绝大多数校长真正能够听懂的，只能是其熟悉的某一专业学科，超出这个专业学科，其他课多半听不懂。把那么多时间花在听自己根本听不懂的课上，浪费的不仅仅是时间，还有校长教育思考和学校管理的精力。当然，有人会说："不一定要听懂老师讲的内容，只要关注教师的教学常规、课堂组织能力和课堂师生关系就可以了。"如果这样，有必要整堂课都坐在教室里吗？转课不同样可以达到这个目的吗？

听课后的交流也挺麻烦的。一般说来，校长在教师心中的地位是至高无上的，行政权力不可避免或多或少地会让校长的每一句话有"不由分说"的影响力。如果碰巧这个校长又是特级教师、教育专家，那他的话对于老师来说更有他自己都想不到的压力。可是，校长实在不敢保证自己对课堂的点评就那么准确到位，尽管校长会真诚地说"不一定对，供您参考"，但作为教师哪能仅仅是"参考"呢？因此，校长如果对自己并不熟悉的学科教学轻率评论，所产生的负面后果恐怕他自己都很难预料。毕竟就具体学科的教学而言，该科的教师才是专家。

就算校长能够听懂所有的课，他能够听到真实的课吗？校长在教室里一坐，无论教师还是学生，都会情不自禁地表现出"非常态"的一面。尤其是教师，面对校长——而且可能还是所谓"推门听课"的校长，往往会紧张，也会有意识地炫耀什么，同时又掩饰什么。如果校长是提前通知听课，教师更会格外"认真"地准备以献出一堂"完美"的课，那么校长听到的课和"公开课"几乎没有什么两样。听不到真实的课，校长听课还有什么意义呢？既听不到真实的课，又把老师弄得那么紧张，真是得不偿失。

因此，我主张校长少听课，多谈心。"少听课"不是不听课——如前面所说，作为内行的校长，听课也是必要的；但我更主张"转课"，通过窗外转课，了解课堂气氛，观察师生互动，足够了。多谈心就是把听课时间省下来，用于和老师一对一的促膝聊天，聊教学，聊教育，聊读书，聊写作，聊社会，聊人生，聊某个值得反思的教育案例，聊学校管理还有哪些不足，聊教师最需要校长帮助的困难……

　　九年校长任职期间，我就是这么做的。我也听课，谈不上多，但我把大量时间花在和老师谈心上。事实证明，效果不错。

2015 年 7 月 20 日

这个优生打了谁的耳光？

这是一件真实的事，由于众所周知的原因，我隐去了学校和当事人的真名。

两年前，某知名老牌重点中学在高考中"再创辉煌"，标志之一便是有一个学生考上了清华大学。其实，明眼人都知道，这辉煌的背后有着残酷的生源大战——所有"名校"的高升学率背后都必然有着"高度密集"甚至"高度垄断"的优秀生源。这所学校也不例外。当初高中招生时，学校便通过种种手段"重金收购"中考尖子生，承诺"如果报考我们学校，高中阶段的所有费用全免，还给生活补贴"云云。果然，三年后学校精心选拔的"好苗"结出了"硕果"。好久没出现考上清华的学生了，学校以他为无比的骄傲和无上的荣光，通过媒体大肆炒作"素质教育硕果累累"，自然是一番热闹景象。

让我感到吃惊的是，学校给了这个考上清华的学生7万元的奖励——这也是当初招生时的承诺。许多人和我一样感到不解：为什么要给这孩子7万元奖金呢？校长的回答是："为了激励更多的学生冲刺清华北大！"我笑了，考清华北大是需要智商的，有的孩子你就是给他70万也没用。希望通过金钱让更多的学生考上清华北大，这真是一个喜剧！

但其实这事到了后来是个悲剧。8月份，这所重点中学的高三学生提前到校上课了。学校打算请那位考上清华的"优生"回母校给学弟学妹们讲讲学习方法之类的,便通过班主任给他打电话。那位"优生"听了班主任的话,第一句话是只有三个字的疑问句:"多少钱?"班主任一下子就蒙了,她完全没有想到自己的学生会这样说,于是便在电话里给她的这位"优生"讲"学校培养你不容易""要懂得感恩"之类的话。该"优生"又反问了一句:"我考上清华关学校什么事?"

班主任顿时像挨了一记耳光。可以想象,这位"优生"在三年高中生活中,受到过班主任怎样全方位的"倾斜"。清华的苗子将是学校的荣誉,或者说叫"面子"啊!为了"确保"他能够考上清华,学习上的细心辅导,生活上的精心照料,无微不至,不一而足。现在,这"优生"突然翻脸了,班主任老师怎么能够不锥心地痛呢?

其实这一记耳光是打在了学校的脸上。这学生说:"我考上清华关学校什么事?"从某种意义上看,他说的是对的。作为中考尖子生,学习基础那么好,更重要的是天赋那么高,到哪里不是一样考清华?当初本来就是学校花钱买来的"优生",学校的行为已经明白无误地告诉他,一切都是可以用钱搞定的!现在他同样用钱给学校说事儿,这不是很"正常"的一笔交易吗?这就是"种瓜得瓜,种豆得豆",这是浮躁而功利的学校教育结下的恶果。学校挨这一记耳光,一点都不冤枉。

这一记耳光更是打中了日益浮躁功利因而越来越畸形的中国基础教育。现在,中国教育叫得最响亮的口号是"以人为本""一切为了学生,为了一切学生,为了学生的一切",但在有些地方这不过是口号而已,是写在墙上美化校园的,或烘托校园"文化氛围"的。而实际上,是"以分为本",不是一切为了学生,而是一切为了"升学"!是"一切为了升学率,为了一切升学率,为了升学率的一切"!为了这个升学率,生源大战硝烟弥漫;为了这个升学率,逼着成绩差的学生"自愿转学";为了这个升学率,不惜重金挖外校的优生⋯⋯学校不择手段,教师尊严扫地,教育丧失良知!

我曾经写过一篇《我鄙视这样的名校》,剖析过一些所谓"名校"诞生的"规律"——

其实,名校诞生的"潜规则"已经是公开的秘密了。有的新建学校之所以一夜成名，大致是遵循这样的"规律"：建校之初，不择手段四处挖优秀生源，包括"重金收购"优质生源，然后以"泪水加汗水"的野蛮方式大搞"应试教育"；到了毕业年级，学校又以各种方式"分流"，强迫一些成绩不好的学生"自愿转学"——用比较"学术"的说法，叫"去分母"；升学考试的时候，又巧妙地作弊……于是，第一届毕业生"一炮走红"，学校名声大振；然后学校通过媒体大肆炒作，宣称如何"遵循教育规律"，如何"以人为本"，如何"素质教育"，还归纳出一些"数字化"的经验，比如"突出"一个什么什么呀，"狠抓"两个什么什么呀，"落实"三个什么什么呀……第二年招生的时候，学校大门前自然人头攒动，家长们带着孩子打破脑袋往里面挤，学校便百里挑一地择优录取（高额学费当然一分不少），这样，学校便步入"良性循环"，于是，"名校"诞生了！

如果你给这样的校长谈什么陶行知的"真教育"和苏霍姆林斯基的"人学"，他会笑你"太天真"和"过于理想化"。在这些校长看来，只有狠抓死揪，才是教育；升学率就是学校的一切！学校就是靠这成名的。为此可以不择手段地收购优生，撵走"差生"。当然，这些话，他绝不可能对着记者的摄像机说。

我这里说的是新建学校"迅速蹿红"的绝招，其实老牌名校"再创辉煌"也大多是这个套路。

无论新校老校，在如此"打造品牌"时忽略了或者说根本就没有想过教育的首要功能：教会学生做人！

我多次说过，天才到哪里都是天才，无论是中国的钱学森、莫言，还是外国的爱因斯坦、霍金，他们超常的天赋，与学校教育关系实在不大。同样，对那些智商高的孩子来说，他们在学习上出类拔萃，与学校教育关系也实在不大，而与其父母的遗传基因倒是有着必然的关系。那么，对这样的孩子，教师就一点意义都没有了吗？当然不是，教师对于天才孩子的意义，在于人生导航，教会做人——善良，正直，勤奋。而恰恰在这一点上，目前许多学校出现了问题。

我曾经在一所重点中学的教室里，看到这样的励志口号："提高一分，干掉千人!"真是恐怖。对于一个高三的学生来说,这被"干掉"的"千人"是谁呢?不就是自己的同学和同龄人吗?什么时候教育成了手足之间的互相屠杀?以这样一种杀气腾腾的"斗志"冲刺高考,就算是考上了大学,他还是一个有健全人格的人吗?药家鑫不是考上了大学吗?还是搞艺术的,后来却成了杀人犯。林森浩不是考上了大学吗?还是复旦的高材生,后来也成了杀人犯。他们在"干掉千人"之后,把自己也"干掉"了。

当然,成为杀人犯的大学生毕竟是极个别的,但自私、冷漠、缺乏公德心、没有责任感的年轻人却绝非个别。几年前,钱理群教授在为已故马小平老师的《人文素养读本》一书所作的序言中这样写道——

我曾经从北大这样的重点大学的教育,反观为北大输送人才的重点中学教育,有一个让我出一身冷汗的发现:我们正在培养"绝对的,精致的利己主义者","所谓'绝对',是指一己的利益成为他们一切言行的唯一驱动力,为他人、社会所做的一切,都是一种'投资';所谓'精致',是指他们有很高的智商、教养,所做的一切在表面上都合理、合法,无可挑剔;同时,他们又惊人的'世故老成',经常作出'忠诚'的姿态,很懂得配合,表演,最善于利用体制的力量,最大限度地获取自己的利益,成为既得利益集团的成员,因此,他们要成为接班人,也是顺理成章的"。特别值得注意和警惕的,是他们讲起"人文精神"也是头头是道,但这对他们来说,不过是炫耀的知识,而正如本书里的一篇文章所说,"人文知识不是人文素质",必须让知识"渗透到他的生活与行为,才能称之为素养"。

此刻,读着钱理群先生这段文字,我心里想着的便是芮成钢。而我们目前不少中学的教育,正源源不断地培养着一个又一个"芮成钢"。本文开头说的那个与母校讨价还价问"多少钱"的尖子生,本质上也是"芮成钢",只不过他把话说得太直白,还不够"精致"而已。

这样的学生将来的人生会是怎样的?他们对社会的危害又将是怎样

的？他或许会越来越"成熟""圆润"，他会越来越有"渊博的学识"与"优雅的谈吐"，越来越有"过人的智慧"与"非凡的能力"，并因此春风得意于一时，但因为从受教育之初，自己的"人"字就从来没写正过，自私与冷酷已经深入骨髓融入血液，其最后的人生结局，很可能是马加爵，或芮成钢，或周永康。

中小学教育究竟是以培养"杰出人才"为首要任务，还是以培养"真正的人"为根本目标？且让我们听听苏霍姆林斯基50年前的忠告："请记住，远不是你所有的学生都会成为工程师、医生、科学家和艺术家，可是所有的人都要成为父亲和母亲、丈夫和妻子。假如学校按照重要程度提出一项教育任务的话，那么放在首位的是培养人，培养丈夫、妻子、母亲、父亲，而放在第二位的，才是培养未来的工程师或医生。"

当那位"优生"问母校"多少钱"时，中国功利主义的教育便挨了一记响亮的耳光。但这一耳光所产生的痛苦却要整个社会来承受。要改变这种积重难返的局面，当然还有许多工作要做，但最起码，让我们从改变人才观开始吧——这当然是一个说了很多年因而已经显得苍白的话题了。但即使是苍白，我们还是要说，因为从某种意义上说，越来越畸形的教育所培养的"人才"，已经不是增加而是降低了中华民族的世界竞争力，这再次让"中华民族到了最危险的时候"！

2015年9月18日

版面费何以长盛不衰？

最近给一位小学老师推荐《未来教育家》杂志，她在网上搜索了一下，告诉我："李老师，我看了看《未来教育家》杂志的官方网站，这家杂志发表文章是要收版面费的，网站上明码实价地写着。"我大吃一惊，在我心中，《未来教育家》是很严肃很纯正的杂志，怎么会向投稿的一线老师索要"版面费"呢？

后来我通过微信问《未来教育家》杂志的编辑朋友，答复是："李老师，我们创刊四年来没有收过一笔所谓的'版面费'，未来也不会收。除此之外，我们还会给作者发稿费。不敢在您面前说假话。"我问她"官方网站"是怎么回事，她说："那是假的！《未来教育家》网站暂时未正式上线，目前所有有关《未来教育家》的网址均为假冒网站。"

哦，原来如此。我想到了我钟爱的《班主任》杂志也曾被人假冒。因为有个"《班主任》杂志官方网站"也是明码标价说要收"版面费"，让包括我在内的许多人误解，以为《班主任》杂志发表文章都要收钱呢！社长赵福江对我说："我们《班主任》杂志从来没有收过任何作者一分钱，将来也不会收的。"

那些骗子真可恶，一方面通过假冒网站抹黑严肃正规的刊物，一方面又把手伸向有发表文章需求的一线老师。我相信，他们在我面前碰钉子的这种情况可能是偶尔的，更多时候是得逞了。

为什么呢？因为的确有的杂志是要收"版面费"的，而我们许多老师是相信或认为报刊收"版面费"是天经地义的。

记得有一次，某《××学人》杂志的编辑（当然，有可能是假冒该刊的编辑）给我打电话，要我给他们文章发表，并且支付"版面费"，还公然说："反正您是校长，这笔版面费您有办法'处理'的。"

我当即批驳她："且不说我无法'处理'，就算能够'处理'，我也不能给你这所谓的'版面费'。你们杂志上印着定价，说明你们是要卖钱的，那理所应当给作者支付稿酬，凭什么反过来要我给你们'版面费'？"

她问我："您应该理解，现在都是这样，难道还有不收版面费的报纸杂志吗？"

我说："有！我给《人民教育》《中国教育报》《中学语文教学》等报刊写稿，就没交过所谓的'版面费'，反而会收到稿费。"

"那因为您是专家嘛！我断定这些报刊对一般的作者还是要收'版面费'的。"对方说。

我说："错了，我知道这些报刊发表一线普通教师的文章，都会支付稿费的！"

其实，我很清醒地知道，的确有为数不少的所谓"学术刊物"是要收作者"版面费"的。这些报刊正是靠"版面费"支撑着，"维持生存"。这种刊物是出版界的"怪胎"。

道理或者说常识在那里明摆着：办刊面向市场，订数多了自然有盈利，生命力自然蓬勃；而没有订数自然无法生存，无法生存就应该停办，还用"版面费"来"支撑"个什么呢？

当然，有些教育科研机构或学术团体办纯学术的小众刊物，不可能完全走市场化，需要扶持，但扶持的经费应该来自财政拨款，而不是"版面费"——我知道有的杂志正是这样，靠上级主管部门拨款，不收作者版面费，同样支付稿酬，虽然稿酬微薄，但报刊本身品格纯净，正气凛然。

我多次跟我学校的老师们说过："千万不要花钱发表文章，凡是要收你'版面费'的报纸或杂志，都是不正规的，甚至是假的。判断报刊真假的重要标志就是，你发了文章，是否给你稿费。"我至今坚持这个判断标准。

要相信，充满正气的报刊是很多的。不只是我上面提到的《未来教育家》《班主任》《人民教育》《中国教育报》和《中学语文教学》，据我所知，《中国教师报》《中小学管理》《教师博览》《语文学习》《教师月刊》《班主任之友》和《新班主任》等报刊，也不收作者的"版面费"，相反都会给作者支付稿酬。当然，肯定还有更多的报刊不收作者的版面费，只是我不知道而已。所以这里无法一一列出更多令我尊敬的报刊的名字。

某些收"版面费"的报刊之所以能够长盛不衰，原因就在于有许多一线老师甘愿"花钱发文章"。中国现有中小学教师有一千多万，哪怕只有10%的老师甘愿被宰，也是一百多万人啊，这是一个多么巨大的"市场需求"！

但是，我不愿在这里过多地抨击骗子多么无耻，更不愿意在这里指责"花钱发论文"的老师多么"虚荣"，我想追问的是——为什么这样的"骗术"能够得逞？为什么老师们会如此"自愿"地被宰？为什么这样的举措能够堂而皇之地推出并且实施？腐败者借助的是什么"合法外衣"？

关键还是职称评定制度本身的缺陷，为行骗者提供了行骗的机会和行骗成功的可能。我不知道是否有这样的明文规定，即中小学教师评定职称一定要有公开发表的论文；但我知道的是，在许多地方，这至少是一条不成文但一直遵循的"铁律"：如果没有公开发表的论文（有的地方还要求是某级别或所谓"核心刊物"发表的论文），就不可能通过职称评定。公开发表的论文，是评职称的首要前提；没有论文，其他免谈——所谓"一票否定"。

也许这个"一票否定"的初衷是想引导老师们结合自己的实践，随时总结随时提炼，养成思考和写作的习惯，做科研型教师。但是，这种想法完全脱离目前中国的实际，尤其脱离目前广大中小学教师的实际。与美好的初衷相反，有了这么个"一票否定"，抄袭论文出现了，杂志的"版面费"出现了，大学学报的刊号可以买了，有关部门可以公开向老师们收"论文发表费"了……一系列作假、行骗和腐败应运而生。

与大学教授和教育科研机构的研究人员不同，中小学教师的主要任务是把课上好，把班带好，把学生教好，因此对他们来说，在实践中运用教育理论是常态，是本分。那么，判断一个中学老师或小学老师是否称职，就只能看他的课上得怎样，班带得怎样，他的学生发展得怎样，而不是他写了多少"论文"；同样，判定一个老师能否评上中级教师、高级教师，主要还是应该看前面所说的本分工作做得怎样。如果中小学教师不把主要精力放在教好每天面对的学生，而是一门心思琢磨如何在"核心刊物"上发表"论文"，这样的老师我看是不合格的，遑论"中级""高级"。

这么说来，是不是意味着我反对中小学教师搞科研、写论文呢？当然不是。只是应该明确，中小学教师的科研更多的是面对课堂面对班级面对学生的问题研究，也就是说，把自己所遇到的每一个"难题"都当"课题"来研究，这就是最好的教育科研！而研究的成果，当然可以是论文——对一线老师来说，与其写"论文"，不如写教育随笔、教育故事、教育案例……但如果没有论文，还可以这样呈现成果——经过研究和探索实践，所上的课孩子们更喜欢了，所教的学科质量提升了，所带的班有了显著的转变，所教的学生也发生了积极的变化，这一切都是远比论文更真实也更有说服力的教育科研成果！

十多年前，我撰文呼吁取消中小学教师职称评定中的论文"一票否决"。现在，我依然坚持我的观点：教师评职称，主要应该看实绩，而不是论文；即使要看论文，也只能是"在同等条件下有论文者优先"。为此我再次呼吁，取消论文"一票否决"的做法，根除论文写作的作弊行为和论文发表以及评比中的种种腐败现象。

听说前不久公布的中小学职称改革方案，已经淡化了"论文发表"，这是个好消息，但我更希望这个"好消息"能够在实际操作中落到实处。那样，所谓"版面费"以及各种骗子才会失去市场，并最终消失。

我和许多一线的普通老师都盼着这一天早日到来。

2016 年 3 月 25 日

母校以什么为骄傲？
——在母校校庆座谈会上的发言

各位老师、各位校友：

大家好！

这次母校70周年校庆，我分别以三种身份参加了不同的活动。一周前，我以教师的身份献上一堂语文课；几天后，我又以校长的身份在校长论坛上发表了演讲；今天我以学生的身份参加这个座谈会。谢谢母校给我这个机会。刚才发言的王渝生师兄是1966年从母校毕业的，而那一年我才进小学。在他后面发言，我压力很大。但能够参加这次座谈会并发言，我感到很荣幸。我今天想简单讲三点：感恩、汇报和建议。

第一，感恩。这真不是套话。我是中文系77级三班的。我现在还保留着我的大学准考证、大学报到通知，还有学生证、校徽等。这说明我对母校的感情。现在一想起大学本科在狮子山度过的四年时光，我很自然想起当年教我们的老师们。大家看，为参加这个座谈会，我专门带来了一本笔记本，上面是1981年12月老师们给我写的毕业赠言。当时我快离开学校了，我请老师们给我写的。我这里念几段："勤奋学习，为四个现代化作出贡献。"这是屈守元老师给我写的。"君子食无求饱，居无求安，敏于事而慎于言，就有道而正焉，可谓好学也已。"这是杜道生老师写的。"锲而不舍，金石可镂。"这是雷履平老师的赠言。"鲲化了应记锦江滥觞，鹏飞矣莫忘狮山风月。"这是张昌余老师写的。"人生有涯知无涯，志存春色满万家。"这是范奇龙老师的留言。"果实的事业是尊贵的,花的事业是甜美的,但是让我做叶的事业吧,叶是谦虚地专心地垂着绿荫的。"这是苟建丽老师的赠言。"德行犹如宝石,朴素最美。"这是范文瑚老师赠给我的。这句话影响了我几十年的教育,"朴素最美"就是我的教育追求。我现在给老师们写赠言最爱写的也是"朴素最美"。

每次我看到这些字,就想到亲爱的老师们。他们的人格与学问,在我心中是一座座丰碑。许多老师毕业后还和我有联系,一直关心着我,教诲着我。几年前,一次我回学校讲课,中午在柳堤餐厅吃饭,听见后面有人说话,好像是杜道生老师的声音,回头一看,果真是杜老师。那年他已经一百岁了!我很惊喜。我向杜老师问好,并说:"杜老师,您百岁高龄,身体还这么健康,好福气啊!"杜老师脸上呈现出小学生一样不好意思的表情,说:"我白活这么久,没有为人民作出什么贡献。"满脸真诚的歉意,我印象特别深。这就是那一代知识分子。所以,现在别人向我要个人介绍,我从不好意思写这个职务那个头衔,还有什么荣誉称号之类,因为我心里装着杜老师。他那么有学问,可教我们的时候不过是一个讲师而已。因此,我说过:"和老一辈大师比,我们连学者都谈不上!"对我而言,感恩母校,就是感谢那些教过我们的老师们。

第二,汇报。其实,对母校老师最好的感恩,莫过于按老师的期许,做一个好老师。我觉得30多年来我做到了。因此这里的汇报,我不打算说我取得了什么成果,或获得了什么称号,我就谈我最大的收获,那就是收获了历届学生对我的爱,收获了教育幸福。刚才说到我的"个人介绍",我给出版社或报社提供的个人介绍,是这么写的:"李镇西,一个被孩子爱戴同时也深深爱着孩子的老师。"这就是对我最准确的定位和评价。这里,我讲两个故事。

16年前的春天,我在成都市石室中学教书。一天我接到通知要去西安学习三个月。孩子们听说我要离开他们三个月,都很舍不得我。临别那天,孩子们送我到火车站。当火车开动的时候,孩子们跟着火车追,一边追一边喊"李老师再见",有的孩子哭了。这就是我的职业幸福!十年后,追火车的孩子中,有一位叫胡夏融的孩子,在博客上回忆道:"在李老师身边生活的日子,是我生命中一段宝贵的经历,是李老师改变了我,是李老师告诉我:'让人们因我的存在而感到幸福!'"胡夏融回忆了我带他们出去玩,他这样写道:"在认识李老师之前,我只在电视上看过这样欢乐的场景,从来没有想象过,还有这么融洽和没有距离的师生关系,居然会出现在我的生活中。李老师对我们很好很好,我们所有人都喜欢他。那时候在我的心中,这个世界上没有比他更好更温暖的人了。"学生毕业十年后写下这样的文字,我无法不感动。这就是我的幸福。去年,博士毕业后已经在大学工作的胡夏融和另一位叫王墨兰的女同学来看我。我领着他们看我的教育资料博物馆。王墨兰在玻璃柜里发现了她当年毕业时送我的软抄笔记本,第一页是她写给我的信。她把信重读了一遍,说:"李老师,这封信写得好好呀,就像情书一般。"我说:"你这个比喻,让我想到去年我教的第一个班的学生来看我,对我说:李老师,我们是你教的第一个班,那我们就是你的'初恋'。我说,是的,教育就是我的初恋,而且李老师很自豪的是,我一旦恋上教育,就从一而终,终生不变!"这就是我的幸福。我一直以谈恋爱的心情对待教育,怎么能不幸福呢?一直谈恋爱那肯定是很幸福的。我的学生中,不少人现在也是老师。我写了他们的故事。有一个学生的故事,标题就叫作"长大后,我就成了你"。这样的教育生活,真的很幸福!而这份幸福,就是我从母校毕业34年后,最大的收获。

第三,建议。我只提一个建议,就是加强对学生职业自豪感的教育。现在许多老师不热爱教育,不是发自内心地选择教育,自然不爱教育。这需要母校在各个方面做工作,让学生们感到,当老师是一件非常光荣的事。但是很遗憾,这次校庆的宣传,就存在有意无意忽略"师范"的现象。比如,我在网上看到一个母校校庆宣传短片,大概是"六分钟说清川师大历史"。这部片子说到四川师大的办学成果人才培养时,说母校培养了将军,培养了院士,培养了歌星、演员、舞蹈家,还有主持人,可就是不说培养了千千万万人民教师,连一句都不提!我今天下午进校园,看到校园横幅上写着母校70年来培养了"三十万桃李"。我就想,这里面的将军、院士、歌星、演员、主持人,有多少呢?寥寥可数,加起来也不过十几二十个吧!可从这母校走出去的学生中,绝大多数都是教师啊!就算现在母校有非师范专业，但这30万毕业生中，教师至少有20万。无数普普通通默默无闻的一线教师，才是母校最重要也最骄傲的成果！今天的座谈会上，我希望看到的更多的是什么荣誉都没有但认认真真在讲台上爱着一届又一届孩子的普通教师，尤其是那些常年在边远艰苦地区坚守讲台的教师，他们才最能代表母校的成就。毕竟我们学校的名称叫"四川师范大学"，我们要为"师范"二字自豪。

因此，我建议母校可以请许多一线的优秀教师回来，给学弟学妹们讲他们的教育故事，讲教育幸福。让每一位未来的人民教师，都以教育职业为自豪，将来他们才会获得真正的教育幸福。

顺便说一下，刚才我提到的那个母校校庆的宣传视频中，还有一用语错误。主持人说："七十年看起来很长，但在历史的长河里，不过是惊鸿一瞥。"这里，"惊鸿一瞥"用得显然不妥，不伦不类。应该说"白驹过隙"或"弹指一挥间"。这说明，师范生的文字基本功还要加强。像这样的视频在网上流传，直接损害母校的形象。请母校原谅我的直言。面对母校，我觉得没有理由不直言，如果我说得不对，还请母校原谅学生。

谢谢！

2016年5月15日下午（晚上根据回忆追记）

校名上的文化内涵和文化自信
——从"野鸭中学"谈起

贵阳市有一所中学名叫"野鸭中学"。刚听这名字时觉得土得掉渣，我问校长："为什么叫这个名字？"校长告诉我，他也曾因为觉得校名太土而想过改名。但这个名字其实是有来历的。学校所在地叫"野鸭塘"，而野鸭塘曾经走出去李嗣邺、李嗣槐等已载史册的名流，学校旧址就是当地赫赫有名的李家祠堂；在当代诗歌界，因为诗人哑默先生的存在，野鸭塘和北方的白洋淀齐名，时誉"北有白洋淀，南有野鸭塘"。如此厚重的积淀，让"野鸭"这个名字文风郁郁。因为李家祠堂，因为哑默，野鸭中学形成了"诗意教育"的传统。校长说，现在他觉得"野鸭中学"这个名字是块"金字招牌"。"就叫野鸭中学，不改了！"听他一番解释，我一下感到了"野鸭中学"的文化含量，更感到了一种文化自信。

而现在的中国，有多少校名富有文化含量？又有多少学校拥有真正的文化自信呢？

中国其实有许多非常典雅的校名："浙江春晖中学""广东广雅中学"等等。但更多的老校建校之初好像没把取校名当回事儿，往往直接以地名命名，比如"长临河中学""于家屯小学"。这样取名比较简洁，却少了内涵，相当于"陈家儿子"。这样的"儿子"不止一个怎么办？那就地名加序号，比如"高新（区）一中"或"城关（镇）三小"等等，相当于生的孩子多了，便直接按排行取名叫"李家老大""张家老二"。学校是文化机构，取个名字却如此没文化，现在想来，也是醉了。

新中国成立后，特别是改革开放以来，有一个词常常被用作校名："实验"。比如某某（地名）实验中学（或小学）。应该说最初之所以取名叫"实验学校"，也许学校真的是想搞教育教学实验，所以教育行政部门对"实验学校"的重视与投入都相对比较大。于是，"实验学校"俨然成了当地的"重点学校"——校舍美，设备好，师资强，生源优。但在大一统的教育格局下，课程是统一的，教材是统一的，考试是统一的……"实验"的空间实在有限，所以事实上，绝大多数的"实验学校"并没有什么"实验"，名字而已。最近几年，全国的教改倒是如火如荼，无论课程整合，还是教材多元，甚至考试改革，都方兴未艾。但各地各校都不同程度地在"实验"，哪里只是"实验学校"呢？如果用"教育实验"的眼光打量学校，还真看不出"实验学校"与一般的学校有什么不同。但是，为什么现在一般建了新学校，都喜欢叫"实验学校"呢？是不是因为这名字不仅是"好听"，而且容易让老百姓感觉"高大上"，以为是"名校"呢？

"外国语学校"也是近年来最容易被选中的新校名。最初建"外国语学校"的初衷，是想为外语高等院校输送专门的生源，因而在课程设置上对外语有所偏重。在走向全球化的今天，不少外国语学校更是加强了外语教学，增加语种，增加课时，建立国际联系，等等。但是现在全国几乎每一座城市都有"外国语学校"，不少"外国语学校"不过是校名而已。是不是因为这个名字除了"高大上"，而且还多了几分"涉外"的"洋气"，有"开放"的气息，对家长更有吸引力呢？

还有比"实验学校"和"外国语学校"更牛的校名，就是两个名字一起上："实验外国语学校"或"外国语实验学校"。牛气冲天，无与伦比。

近几年，又出现了一种新的学校名字，准确地说，是新的学校命名（包括改名）的模式，那就是名校的名称加"分校"（或"西区""东区"之类），比如"虎州市润德中学西区""虎州市润德中学第三分校南区"；如果不是新建学校取名，而是老校改名，则往往是"虎州市润德中学龙福实验学校"。

当然，有的名校在发展扩大的过程中，的确办了分校，且法人代表就是同一人，比如"成都石室中学北湖校区"，这样的校名货真价实。但遗憾的是，现在相当多学校的校名却以名校校名为前缀，而实际上与名校是各自独立的。这不过是打着名校集团的幌子忽悠老百姓而已。

除了傍名校，还傍高校，最典型的就是"某某大学附属中学"，或"某某师范大学附属中学南区"。比如"滨海市龙潭区黄田坎小学"，办学者觉得这名字太不够档次，决定改名——于是，长长的新校名气势磅礴蔚为壮观："中国天体物理大学滨海市龙潭区附属实验中学黄田坎校区"。我有一个铁哥们儿在一所历史悠久的农村小学"夹毛沟小学"当校长，前不久他兴奋地对我说："我的学校要改名了，改为'中华统计高等专科学校附属小学'！"我摇头："不好不好！"他有些失望，问："你有更好的校名吗？给个建议。"我说："我想想啊！嗯……这样，'美国普林斯顿大学中国实验学校四川校区夹毛沟附属小学'，如何？"

一些学校之所以要在改名上攀龙附凤，据说是为了"提升形象""打造品牌"。但所谓"形象"，所谓"品牌"，在有的校长眼里，就是"社会吸引力"，再说白一些，很多时候就是为了招生的需要。我经常在想，一个公办义务教育的学校，教育局给你足额拨款，按片区招生，有必要那样追求虚假繁荣的"形象"和华而不实的"品牌"吗？做教育和办企业毕竟不一样。

其实，"实验学校"也好，"外国语学校"也好，以及各类"附属学校"也好，如果名副其实而且学校办得不错，都无可指责。实事求是地说，不少高校的附属中学、附属小学，绝不是挂个虚名，而确实就是人家的"附属学校"——无论财政拨款还是人事管理，或者有着实质性的深度教育合作，人家本来就是"一家人"，取名"附中""附小"理所当然。这些校名都不在我本文的批评范围之内。问题是，毫无实际意义，仅仅是高攀人家的名气，这样的校名有意思吗？

回望一些中国近代真正的名校的校名——"天津南开中学""成都树德中学""自贡蜀光中学""重庆育才学校""长沙雅礼中学"……我随手写下的这些校名，每一个都浸透着厚重的历史传统。当然也有一些以地名或地名加序号命名的学校，虽然最初也就是我前面所调侃的相当于"陈家儿子""张家老二"的意思，但因为建校历史悠久更兼教育成就卓著，其校名已经成为厚重的教育丰碑："北京四中""上海中学""成都七中""北京史家胡同小学""成都市龙江路小学"……

"陆家嘴"这个地名够俗吧？可陆家嘴现在却成了世界著名的金融中心之一。"狗不理"这个名字够土吧？可狗不理包子现在却成了中国最著名的传统风味小吃之一。一个学校"土"不"土"，主要不在名字是否"洋气"，而在于学校本身有没有内涵。因为是人赋予校名以内涵，而不是校名赋予学校以内涵。有的校名也许最初是很"俗"，但教育者可以通过办学历史和教育业绩让岁月赋予其"雅"。比如我曾经执教过的"成都石室中学"，校名的本义不过就是"石头筑的房子"，最初这个名字既土又俗，但现在人们一想到"石室中学"，首先想到的是它自汉代以来两千多年的办学历史，想到的是文翁的勤勉、王维的吟咏、杜甫的情怀、李调元的文采，还有郭沫若瑰丽的诗歌、李劼人凝重的小说、王光祈迷人的音乐、周太玄科学的梦想……这就是"人赋予校名以内涵"。

名校之名不是来自校名，而是源于校史。校名绝不仅仅是一个名字，它蕴含着学校的历史传统（老校），或寄托着办学者的教育追求（新校）。"野鸭中学"其名看似很土，但人家"土"出了文化内涵，因而毫不自卑。如果没有文化内涵，你就是取名（改名）叫"卢浮宫中学""秦始皇小学"都没用。请问那些热衷于在校名上傍名校、攀高枝、追洋气、赶时髦的校长，你的文化自信在哪里？

2016年7月7日

急功近利是教育的天敌

刚刚建好的学校还没开学,上面便要求申报"特色项目";某学校来了一位新校长,就职演说就表示"明年高考成绩一定要有突破",于是便用重金四处挖"优生";一些学校搞读书活动,喜欢通过统计读书笔记的数量甚至考试的分数来考核"教师专业阅读"的"成果";去听培训报告,老师们往往不喜欢听"理念"而希望来点"吹糠见米"的"操作";有些学校对课堂教学提出了"一课一得"的要求,希望每堂课都应该让学生有"可测评"的"收获";有不少地方的教育行政部门提出了"三年培养"多少名"有区域影响的教育名家","五年培养"多少名"国内知名的教育专家";一些新建学校提出了"三年打造名校",五年建成"国内一流国际知名的现代化高端学校"……

这些大家已经司空见惯因而习以为常的说法和提法,我们只要仔细琢磨,便会觉得不对劲儿——

一个学校的特色是需要实践和时间的,"实践"意味着特色是做出来的而不是"申报"出来的,"时间"意味着特色的形成需要历史的积淀,哪里是可以事先"申报"的?高考质量的提升应该来自学校的内涵发展特别是课堂教学的改革,靠购买"优生"得到的"高考成绩"能体现你学校真正的教育质量吗?阅读对促进教师专业成长来说,是一个潜移默化的过程,读书笔记多、考试分数高就等于教师的成长吗?教育理念是教育行为的内在灵魂，决定着教育的方向与智慧，只追求立竿见影的所谓"操作性"，这样的教师能够说是真正的教育者吗？教学当然要讲效率，但不顾学科特点、无视具体的教学内容而一刀切地要求所有学科都必须"一课一得"，这不恰恰是不尊重教育科学的表现吗？迷信"速成"，认为"名师""专家"可以"打造"甚至可以限时完成预期的"指标"，这岂不是把"人"当成"物"了吗？真正的名校，既是实践的结晶也是时间的积淀，所谓"三年建成"的"名校"，实属教育版的"大跃进"，这样的"名校"和催熟的"速成鸡"有啥区别？

凡此种种，都属于教育的急功近利。这些现象，虽然并不都直接表现在孩子身上，但最终的受害者却是孩子。因为急功近利，孩子不能接受符合教育发展特点也符合儿童生长规律的教育，最后贻误终生。从这个意义上说，急功近利与教育是水火不容的，乃教育的天敌！

深圳中学已故语文教师马小平在讲授《孔乙己》时，引导学生关注在一旁冷冷讲述故事的那个年仅12岁的小伙计。按教材的解读，小伙计贯穿始终，"既是旁观者，又是参与者，以喜写悲，使悲更悲"。但谈起那个孩子时，马老师却在讲台上深深叹了口气："他还只是个孩子，却与成人社会的视角没什么不同，失去了天性的悲悯，真是悲哀。"

在我看来，小伙计的悲哀的真正原因是被剥夺了天真烂漫的童年，而直接进入了"老成世故"的成人行列。从小说看，剥夺小伙计童年的并非教育，而是那个吃人的社会，但今天我们许多孩子的童年却的确是被我们的教育剥夺的。没有了童年、少年的人生，是何等的不幸！如今，我们的许多孩子正因急功近利的教育而过着没有童年的"童年时代"，没有少年的"少年时代"。

是的，当今中国，浮躁的社会催生了浮躁的教育。各种任务、指标、课题、评比、验收、督导、检查……笼罩在学校上空，压迫得教师们近乎窒息。局长压校长，校长压教师——一道一道的"军令状"，一级一级的"追责制"，一层一层的"承诺书"……每一个人都说自己是"无奈的""违心的"，都说"我也没有办法呀"，于是无论局长、校长还是教师，人人都焦灼不安，心神不宁，争分夺秒，只争朝夕，在这严酷的教育生态中，还有多少孩子有纯真、幼稚、梦幻、撒欢甚至傻乎乎望着天空发呆的童年？

学者张文质有一句话平易朴素而意味深长："教育是慢的艺术。"佐藤学在谈到教育变革时，这样写道："它决非是一场一蹴而就的革命。因为教育实践是一种文化，而文化变革越是缓慢，才越能得到确实的成果。"可惜，这些符合教育规律的话，今天似乎没多少人听得进去。

都说"教育是农业"，而农业者，春风化雨顺其自然也。真正的农夫，在其一亩三分田里，总是依据农时，也依据庄稼的特点，该播种播种，该施肥施肥，该除草除草，该松土松土；不慌不忙，不急不躁，从从容容，淡淡定定，春华秋实，静待丰收。这就是农业。如果农夫以"快出人才"的心态对待秧苗，非要用人工让庄稼"实现跨越式发展"，那叫"揠苗助长"，自然事与愿违，颗粒无收。

最近几年，我思考最多的是教育的常识、朴素和良知。教育，就是不走"捷径"，不投机取巧，不幻想"亩产万斤""一夜暴富"，而是根据教育的特点，面对每一个孩子，因材施教，"一分耕耘一分收获"……这就是"常识"。教育，就是不喊口号，不贴标签，不唱高调，不夸海口，不吹牛皮，每天都认认真真地上课，认认真真地备课，认认真真地带班，认认真真地和孩子谈心……这就是"朴素"。教育，就是不给学生说连我们自己都不信的话，不要求学生做连我们自己都不做的事，不把超越孩子年龄和心理特点的事强加给他们，耐心守候，静心陪伴，这就是"良知"。

而急功近利的"教育"——如果那也算"教育"的话——则是不讲良知，远离朴素，违背常识的"教育"。其危害是违背人的成长规律、阻碍人的健康成长，其恶果是将真正的人才扼杀于萌芽状态。因此，哪里有急功近利，哪里就没有教育。

2016 年 12 月 12 日

世界上多数国家都允许学校体罚学生吗？

几个月前，有一篇赞成学校体罚学生的文章在网上火了，该文的题目是《今天不让老师"打"孩子，明天整个民族就会被动挨打》。从这"惊心动魄"的题目就可以看出作者对体罚学生的态度。

作者先从多年前那场著名的"夏令营较量"说起——那场特殊的"较量"中国孩子输给了日本孩子，然后作者大谈"日本学校是个提倡体罚的国家"，给人的感觉是体罚增强了日本国民的素质，进而促进了日本的强盛。然后，作者又举例说"目前世界上明令禁止不准体罚的国家只有这几个……"，自然是包括中国的。给人的感觉是世界上大多数国家的学校都是允许体罚学生的。作者还举了英国和新加坡是如何提倡体罚学生的，为了相对比，作者还谈了中国取消教育惩罚的"后果"："学校教育环境宽松是导致青少年犯罪的原因之一。"最后作者这样结尾："英国、美国、日本、新加坡、澳大利亚、韩国体罚机制再一次为我们敲响警钟：学校加入体罚制度，不仅可以维护教师的尊严，提高教师的积极性，更可以让学生从小有规矩意识。更重要的是，能让学生从小在被惩罚下体会磨难，长大后能做一个有胆识的人才。"

也许是现在有太多的老师面对"熊孩子"束手无策，甚至可能还有些老师曾经因为体罚学生而受到处罚。总之，这篇文章居然在网上赢得几乎（我说的是"几乎"）一边倒的喝彩。我一直想不明白，为什么不少老师认为不许体罚就是"姑息、迁就、纵容"学生呢？为什么他们认为所谓"严师出高徒"的"严"就是"体罚"呢？为什么有老师就感到如果不许体罚学生，"这教师没法当了"呢？估计这篇文章让不少赞成体罚却不敢明说的人读起来酣畅淋漓："终于有人站出来为我们说话了！"可是，很奇怪，这个"为我们说话"的"有人"至今不知道是谁，因为我所见到的不同网站发布的这篇文章，均没有署名。看来是位"活雷锋"。

对我来说，该文署不署名无关紧要，我只认观点不看人。今天我不想多说"教育惩罚"的必要性，因为我多次撰文说"没有惩罚的教育是不完整的教育，但惩罚不是体罚"（可去查我2002年写的《教育不能没有惩罚》一文）。因此，今天我不谈"教育为什么不能体罚"，不谈教育的民主、尊重、平等的人性化追求，也不谈教育中"体罚"与"严格要求"的区别，等等——这不是我今天文章的主旨；我只针对《今天不让老师"打"孩子，明天整个民族就会被动挨打》中说"目前世界上明令禁止不准体罚的国家只有这几个……"谈谈我所了解的情况。因为这句话给人的感觉，好像当今世界多数国家特别是发达国家的教育，是允许体罚的，这是世界教育的主流，而中国等少数几个国家则在世界教育主流之外。

真的是这样的吗？

为此，我查找了一些资料，并作了一些调查和访谈。首先我要特别说明的是，网上类似的信息其实挺多，但我基本不用网上的资料，各说不一，都缺乏权威性。我今天文中所用的相关信息和数据，基本上（不是"绝对"）是我亲自调研所得。

我和著名特级教师程红兵通过电话聊了聊这个话题。程红兵专门考察过美国、德国、法国、英国、澳大利亚等国的教育。说到教育体罚，他不认为世界教育的主流是允许体罚，他说在美国、德国、法国、澳大利亚很少听说教师体罚学生，当然，英国例外，英国的教育惩罚很明显，但是英国不是体罚，而是对严重犯错误的学生实施关禁闭的惩罚。他说，在许多发达国家，法律不但规定教师不允许体罚学生，而且还规定了如果教师体罚学生会受到严厉处罚，比如取消教师职业资格或直接开除。他在澳大利亚考察时，就遇到过有教师因为体罚学生而被解职的情况。"整个发达国家的教育主流，肯定不是提倡体罚。"他说。

我问了问我在澳大利亚的一位大学同学，她说她帮我问了一位澳大利亚的小学老师，回答是澳大利亚绝对禁止体罚学生，违者属犯法。其实我也听说过，澳大利亚有学校是可以体罚学生的，但至少不是全部。相反，我还得知在2011年，澳大利亚一名女教师因涉嫌用跳绳把一名"不听话"的5岁学生绑在椅子上而被停职，并接受调查。西澳大利亚州教育部门主管莎琳·奥尼尔说，如果举报信内容属实，那么这名教师的行为"让人无法接受"。我没看到后续报道，不知举报信是否"内容属实"，但至少在西澳大利亚州并非允许教师体罚学生。

传说中英国是明文规定学校可以体罚学生的，因此英国教育特别被赞成体罚的中国教师推崇。是的，2006年英国一项新法律《2006教育和检查法》规定，教师有权通过身体接触管束不守规矩的学生。但该法律的生效范围是英格兰和威尔士，并不包括苏格兰和北爱尔兰。英国学校事务大臣鲍尔斯说："我们已经在新的指导方案中明确了教师可以在特殊情况下对学生实施体罚。"什么"特殊情况"呢？鲍尔斯说，如果有激烈的打斗、如果教师担心学生处于危险的状况、如果学生拒绝离开教室，那么，新的方案将允许教师通过体罚以确保课堂纪律。他还认为，用武力来惩罚孩子是不能被接受的，政府不能容忍孩子们在惩罚过程中遭遇伤害。

韩国、日本、新加坡也是传说中特别提倡教师体罚学生的国家。对日本和新加坡，我多次听说这两个国家的确允许教师体罚学生。但除了网络，我没有其他调查途径。这里就不说了。而韩国，我通过韩国朋友作了一些调查。韩国教师体罚学生不违法，但在体罚对象、体罚程度、体罚部位、体罚方式和体罚工具上都有严格而详细的规定。不过，这都是过去。最近我去韩国，和韩国朋友聊到这个话题，她说："过去有体罚，现在没有了。"我估计所谓"没有"，并不是绝对没有，可能现在韩国也有学校体罚学生的现象，但并不普遍。至少，不是我们中国一些教师想象的那么严重。

再说美国。美国也是一些主张体罚的教师爱拿来说事的国家。还有教师甚至把诺贝尔奖获得者的人数和教育惩罚挂钩，说什么"美国允许体罚，但人家诺贝尔奖得主那么多，而中国不允许惩罚，很少有人获诺贝尔奖"。还有人把他们认为的美国教育体罚同"民主"挂钩予以嘲笑："连标榜'民主''人权'的美国都用法律明确规定教师可以体罚学生，这真是讽刺！让一些崇尚'民主''人权'的中国教师情何以堪？"

我的朋友李海林，是著名的教育专家，他曾在美国待了一年，深度考察研究美国23所中小学。我问他："美国中小学允许不允许对学生有体罚？"他经过非常认真的回忆后，回答我说："我曾专门与美国的大学教授和中小学校长讨论过这个问题。回答是从理论上并不是不可以。因为美国学校系统初创的时候，有一个大家都默认的命题，学校是家庭的替代，教师在一定程度上是代替家长在监护孩子。但在现实中，美国学校很少出现体罚学生的事。虽然也没有法律专门规定不能体罚学生，但美国有儿童保护法令，连家长都不能体罚孩子，所以没有哪一个老师会冒犯法的风险去体罚学生。"

李海林先生还从另一个角度谈了美国中小学的体罚为什么并不普遍的原因："我深度考察过23所美国中小学，与校长、老师有过深切的交流，我的感觉，美国的老师不会'负责'到动气去体罚学生的程度。美国的老师实际上对学生的成绩并不负责，学生的成绩好不好与老师的薪酬、评价都没有直接联系。奥巴马时期，曾有一个《让每一个学生成功法案》，实行州统考，而且根据考试成绩来评价老师和校长，遭到全国范围内的一致反对。最近似乎由政府正式宣布，不再实施统一考试，也不再用学生成绩对老师和校长进行评价。美国的教育理论界有一个认识很到位，学生的成绩并不完全是由老师决定的。所以学生成绩好不好，并不能简单地直接归于老师身上。正是因为这一认识，美国的老师不会因为学生的成绩不好而动气，所以动手体罚学生就没有'动机'。"不管不愿体罚的动机是什么，反正美国中小学很少有老师体罚学生，这是客观事实。

当然每个学校都有特别顽皮的孩子，有的时候会影响教学秩序。遇到这种情况怎么办？李海林说："我曾专门了解，如果出现这种情况，普通老师会怎么办，回答是将学生带到校长办公室去。校长就是管这种情况的人。美国学校一般规模都很小，几百人而已，和我们动不动几千人的学校是不一样的，校长管具体的事。如果出现了校园暴力怎么办呢？回答是很简单，学校有校警，他们属于地方警察局管辖，依法处理。我在很多中小学，也的确看到全副武装的警察，手铐、对讲机、警棍、手枪等，一应俱全，与外面的警察一样。美国有一个所谓'零容忍政策'，即对违反校规的学生零容忍，具体的办法有'停课''开除'等。我的整体感觉是，美国学生有相当的自由，老师能不管就不管，但一旦违反校规，就依法管到位，不会留什么情面。"

其实我也听说过美国有学校允许教师体罚学生，但的确并不普遍。我曾问过一位在美国定居的学生，她说："李老师，我孩子还没有上小学，都在幼儿园里。没有听说过体罚（如果指打的话），不过可能有罚站的，或者叫关小黑屋（time out）。一般家庭教育里 time out 也用得很多。具体到小学中学就不太清楚了。这个估计好区差区、公立私立也会有不同。总的来说应该是不能打的。"这些都只是"印象"和"感觉"，于是我专门请我在美国的学生就这个问题帮我作了一个详尽的调查。结果这个学生回复我说："我从一个非营利机构得到一个数据，显示美国目前 51 个州中有 29 个州立法禁止学校体罚学生，15 个州允许学校体罚学生，还有 7 个州没有明确的相关法律。另外，美国教育部（the Federal Department of Education）的数据显示，2011 年到 2012 年美国学校（12 年级以下）共有 156,000 学生被施以体罚，两年前的数据是 200,000 人。其中体罚学生最多的三个州是密西西比州 31,236 人，占总人数的 6.3%；阿肯色州，20,083 人，占学生总数的 4.2%；阿拉巴马州 27,260 人，占总学生人数的 3.7%。美国学校体罚的事件逐年减少，目前美国大多数学校和公众反对体罚学生，而实施体罚的学校主要在美国南部，受到体罚的学生多数是黑人男生。"

这个数据说明什么？至少说明美国并非所有州所有学校允许学校体罚学生，美国教育的主流更不是"允许体罚学生"。我特别希望有更多这样的调查数据，而不仅仅是一两个案例或"听说"，能给我们呈现更有说服力的真相。这当然是一个浩大的工程，我一个人显然无能为力。

但是，上面我从不同渠道、不同角度得到的信息，至少说明：世界教育包括发达国家教育的主流，绝非允许体罚。且不说美国教育大部分州都立法明确禁止学校体罚学生，退一万步说，就算美国所有学校都提倡体罚学生，这就能够成为中国应该允许体罚学生的理由吗？

"今天不让老师'打'孩子，明天整个民族就会被动挨打！"这话煽情却毫无逻辑，我想就这个"逻辑"反问：一百多年前的清朝允许先生体罚学生，可为什么整个中华民族照样被打得趴下？

2017年2月8日

惩戒不等于体罚，但如何有效地惩戒？

《青岛市中小学校管理办法》一出台，便赢得一片喝彩。许多人叫好是因为其中的这句话："中小学校对影响教育教学秩序的学生，应当进行批评教育或者适当惩戒；情节严重的，视情节给予处分。学校的惩戒规定应当向学生公开。"有媒体说，这是第一次将"惩戒权"明确写进地方教育法规，具有"划时代的意义"。

其实，"惩戒"本来就是教育的题中应有之义，并不是谁外加给教育的。也就是说，并不是因为今天有了教育行政部门的文件规定，或者地方法规，教育才有了"惩戒权"。只要有教育，就会有表扬、奖励、批评、惩戒、处分等手段——缺乏了其中任何一项，都不能算是完整的教育。2009年教育部印发的《中小学班主任工作规定》就有"向学校提出奖惩建议"。因此说青岛这个规定"是全国或地方性法规第一次提出'惩戒'的概念"是不准确的。青岛市教育不过是重申或者说强调了教育久已失落的"惩戒权"而已。

是的，在一些地方一些学校，教育惩戒不但不敢做，而且连提也不敢提。原因当然是多方面的，这里我不打算赘述。我想说的是，当教育者本来应有的权利失落了（或者不敢行使），而需要教育行政部门以文件的方式或地方政府以立法的形式来重申，这是教育的可悲可叹，也是教育者的无助无奈。正如2009年，上面所提那份教育部印发的《中小学班主任工作规定》中明确"班主任在日常教育教学管理中,有采取适当方式对学生进行批评教育的权利"一样,我当时就感到了几分滑稽:老师批评学生不是理所当然的吗?居然还要教育部来"规定"?

不过,今天有人在欢呼"惩戒权重返教育"时,却似乎醉翁之意不在酒,他们是把"惩戒"等同于"体罚"来欢呼的。可能他们从"惩戒"之"戒"想到了"戒尺",进而想到了体罚。最近,读到好几篇为青岛教育局这个规定叫好的文章:《再不把戒尺还给老师,这代孩子就完了》《请把戒尺还给老师》《〈未成年人保护法〉没收了老师的'戒尺',老师却带着锤子来上课》……我不明白的是这些文章的作者为什么都是匿名,但我明白的是这些没有署名的作者分明是把"惩戒"等同于"体罚"的。不少人因青岛市教育局这个规定中有"惩戒"二字,便兴奋地认为,现在终于有了体罚的"法律依据"了。

就这个问题,我和青岛市教育局邓云锋局长在微信上有沟通。他也认为有些人是误读了该规定,把"惩戒"等同于"体罚"。而这并非青岛市教育局的本意。邓局长说:"其实我们制定的办法,更多的内容是为学校和教师立法规范学校与相关各方的责权,只是媒体误读的多,仅仅盯着惩戒了。"他还说:"正如您所言,惩戒本来就包含在教育的内容与手段方式中,本不需讨论。办法中我们提到了更多其他方面给学校和教师赋权或免责的内容。由于国家至今未能给学校立法,我们地方就先尝试了一下。"可是,一部旨在"为学校和教师立法规范学校与相关各方的责权"的地方法规,在一些人的眼里居然仅仅成了"首次明确惩戒权(体罚权)"的"法律依据"。

对此,我万万不敢苟同。

说"教育惩戒"前,我想先说说"教育惩罚"。因为我知道,许多教育者,包括教育行政部门一直讳言"教育惩罚"。为了避开"惩罚"一词,便选择了"惩戒"。其实,"惩罚"和"惩戒"是同义词。查查"百度百科"的解释:"惩罚:惩戒;责罚;处罚。"而"惩戒"的解释是:"惩罚、警戒。"如此互相释义,说明这二者的确是同义词。当然,在实际运用中,"惩罚"的程度显然重于"惩戒"。因此,如果"惩罚"是教育允许且必需的,那"教育惩戒"自然也就无可指责;如果"惩罚"虽然包含体罚但并不必然或者说不仅仅包含"体罚",那么"教育惩戒"自然也不完全等同于"体罚"。

体罚对未成年人的身体和精神的伤害,对其人格的扭曲与自尊心的践踏,以及对其个性健康发展成长的消极影响,远远大于体罚所带来的"立竿见影"的所谓"效果"。我这里就不多说了。总之,教育离不开惩罚;但不管怎样的教育惩戒,都不能是体罚。

也许有人会感到不解:既然是"惩罚",怎么又不包括"体罚"呢?"体罚"不是"教育惩戒"的一种吗?

这真是一种误解。何为"惩罚"?我们再看看商务印书馆出版的权威辞书《现代汉语词典》的解释(请允许我这样从不同的渠道不厌其烦地考证词义):"惩罚:严厉地处罚。"那什么叫"处罚"呢?"处罚:使犯错误或犯罪的人受到政治或经济上的损失而有所警戒。"注意,"有所警戒"——正是在这里,"惩罚"和"惩戒"具有相通的内涵。而何为"体罚"呢?"体罚:用罚站、罚跪、打手心等方式来处罚儿童的错误教育方法。"可见,"体罚"从词义上讲,是排除在"惩罚"之外的。只不过现在许多人一提到"惩罚",总想到"体罚",这是对"惩罚"一词在理解上的泛化。

因此,仅从"惩罚"的词义上,我们就看不出丝毫体罚的因素。至于"惩戒"一词,词典的解释是,"惩罚以示警戒",依然没有"体罚"的意思。

"体罚"的赞成者动辄喜欢用国外的"经验"来说事。我已经在上一篇文章中用调查结果说过,在世界大多数国家,包括发达国家,教育体罚并非主流。当然,我从不反对教育惩戒,相反我一直主张,教育离不开而且必须有惩戒。但——重要的事情说三遍——惩戒不是体罚。

关于惩戒与体罚的区别,在日本是有明确规定的。日本《学校教育法》总则第11条明文规定:"校长和教师,根据教育需要,可按照文部科学省的相关规定,对学生进行惩戒,但不允许体罚。"教师的惩戒行为是否属于体罚,需根据学生年龄、健康、身心成长状况以及该惩戒行为的场所、时间、环境、形式等综合判定。我所理解的"教育惩戒",是对学生不良行为的一种强制性纠正。这既可以体现在精神上,也可以体现在行为上。

但我认为,能够不用惩罚(惩戒)最好不用;不用惩罚(惩戒)而达到教育的效果,是最理想的教育;如果非用不可,一定要谨慎有度。现在的问题是,不但长期以来人们不敢提教育惩罚(惩戒),就算是提了,也缺乏具体有效的操作办法。因此,我们需要研究探索的是:如何避免体罚却能对学生进行必要的惩戒?

关于"教育惩罚"方式,《教育大词典》(顾明远主编)上的解释是:"对个人或集体的不良行为给予否定或批评处分,旨在制止某种行为的发生。主要方式有:表示否定的语气与表情,口头批评,警告、记过、留校察看、开除学籍处分等。"面对今天的教育现实,这些教育惩罚方式显然是远远不够的。

我想,这些方式是不是我们教育者可以采用的惩罚(惩戒)方式:第一,班级的扣操行分;第二,学校的纪律处分(警告、记过、非义务教育阶段的开除等);第三,对严重影响课堂秩序的学生甚至可以请出教室单独教育(对所谓"请出教室",我认为要具体问题具体分析,不好简单肯定或否定,当一个学生因为严重违纪而妨碍他人学习时,暂时终止其学习是必要的);第四,学校设立禁闭室,让严重违纪的学生闭门思过;第五,剥夺犯错误学生的荣誉,让他失去某些特殊的待遇等;第六,以某些"补偿性行为"挽回所造成的损失(比如做卫生不认真而罚其重做,逃避做课间操而令其课后适当跑步等);第七,规定参加必要适量的学校或社区劳动。

另外,我特别建议在学校建立符合我国国情的校园警察制度,在学校配备警察(不是一般的保安),对个别危害他人人身安全的校园暴力实施者,或轻微违法的学生,施以法律强制措施。

最后我还要强调的是,无论怎样的惩戒,都不能伤害学生的身体,也不能侮辱学生的人格——惩戒肯定也必须触及震动其心灵,但这和侮辱人格不是一回事。同时,无论怎样的惩戒,都应该与说服教育相结合。只有当学生发自内心地意识到自己真正做错了，而且自己必须为自己的错误付出必要的代价，这种惩戒才是有效的。因为教育惩罚（惩戒）与尊重学生并不矛盾，正如以主张教育惩罚著称的教育家马卡连柯所说："确定整个惩罚制度的基本原则，就是要尽可能多地尊重一个人，也要尽可能多地要求他。"

2017年3月4日

细思碎想
XISI SUIXIANG

教育，不也是日复一日做着平凡琐碎的事吗？——认认真真地备课，认认真真地上课，认认真认真地批改作业，认认真真地找孩子谈心……

赋予红领巾更丰富的内涵

近年来对小学生戴"红领巾"的质疑声不绝于耳。有人甚至建议"取消红领巾"——实际上是取消少先队组织,因为众所周知,红领巾是少先队员的标志。质疑者认为,让六七岁的孩子为他们根本不懂的内容而举手宣誓"时刻准备着!",显然脱离了儿童的心理特点与认知能力,是很可笑的。

我认可这样的质疑,但不同意取消红领巾。

中华人民共和国宪法规定:"社会主义制度是中华人民共和国的根本制度。"而社会主义是共产主义的第一阶段,共产主义则是社会主义必然发展的最高阶段。这是国家意志,不容置疑。但不容置疑不等于可以超越儿童年龄把他们不懂的东西强行灌输给他们。这样脱离儿童实际的做法,也不可能培养出"共产主义接班人"。

不但如此,而且还会助长孩子毫不脸红说假话的习气。试想,他既然能够说出大人要求他说的自己根本不懂的话,随着年龄的增长,他还有什么大话套话不能够庄严地说出来呢?如此一来,伟大的共产主义理想只会变成不值钱的破铜币。

"不值钱的破铜币"是苏霍姆林斯基的原话。谁也无法否认参加过伟大的卫国战争的苏霍姆林斯基是一位忠诚的布尔什维克,但恰恰是他,说出了这样的话:"当儿童还不能理解某些词句的含义时,就不要让这些词句从他们的嘴里说出来!请不要把那些崇高的、神圣的语言变成不值钱的破铜币!"

根据我们国家的性质和特点,取消红领巾和少先队显然是不可能的。而且就感情而言,红领巾寄托了至少是1949年以后所有中国人少年时代纯真的情怀。那是我们少年时"让我们荡起双桨"的旋律,是我们"白衬衣蓝裤子"的队服,是夜幕下熊熊篝火映红的"星星火炬"队旗,是山坡上和歌声一起飞扬的袅袅炊烟……是几代人纯真无邪的记忆。如果真要取消,包括我在内的许多老少先队员感情上都无法接受。但是,红领巾的内涵完全可以也应该根据时代发展予以更新。

按传统的解释,红领巾是国旗的一角,是革命先烈用鲜血染红的,象征着投身共产主义事业。"我们是共产主义接班人,继承革命先辈的光荣传统……"这两句歌词实际上以孩子的口吻说出了大人的教育目的。就社会主义教育的功能而言,培养"共产主义接班人"一点错都没有,而且"革命先辈的光荣传统"永远都是需要"继承"的。问题是,如果我们今天以"与时俱进"的眼光看,这歌词显然不能完全满足我们今天时代的需要,其表达的教育目的是不完整的。

30年前颁布的《中共中央关于教育体制改革的决定》,就明确了新时期我国人才培养的要求:"所有这些人才,都应该有理想、有道德、有文化、有纪律、热爱社会主义祖国和社会主义事业,具有为国家富强和人民富裕而艰苦奋斗的献身精神,都应该不断追求新知,具有实事求是、独立思考、勇于创造的科学精神。"这一表述完整地概括了我国教育目的对所培养的人才的素质要求,是符合我国国情和青少年身心发展的特点的。其中"不断追求新知,具有实事求是、独立思考、勇于创造的科学精神"的要求比起单纯的"继承革命先辈的光荣传统",已经是一个非常了不起的进步了。

因此,继承传统美德,同时又具备现代意识——善良,正直,阳光,勤奋,自立,守纪,诚信,坚韧,勇敢,求真,尚美,创造,爱国……当代中国儿童应该具备的这些品质,理应成为"红领巾"更丰富的内涵。

2015年5月29日

如何对学生进行抗战历史教育？

今年是中国人民抗日战争胜利 70 周年。目前，在对待抗战历史以及中日关系问题上，不少同胞存在着不少似是而非的观点。在这个背景下，我认为，教师至少应该在以下几个方面正确地引导教育学生：

抗战的胜利，是全民抗战的胜利。过去讲抗日战争，我们只讲共产党领导的八路军和新四军，讲地道战、地雷战，而一说到国民党，则是"卖国投降"。我小时候受的教育是，整个抗日战争期间，蒋介石躲在峨眉山上不抗日，抗战胜利了，他却跑下山来"摘桃子"了。这显然不是历史事实。2005 年在纪念抗日战争胜利 60 周年的时候，时任中共中央总书记的胡锦涛说："在波澜壮阔的全民族抗战中，全体中华儿女万众一心、众志成城，各党派、各民族、各阶级、各阶层、各团体同仇敌忾，共赴国难。长城内外，大江南北，到处燃起抗日的烽火。中国国民党和中国共产党领导的抗日军队，分别担负着正面战场和敌后战场的作战任务，形成了共同抗击日本侵略者的战略态势。"前天，也就是 2015 年 9 月 1 日，习近平总书记在会见国民党前主席连战等台湾人士时也说："国共两党合作建立抗日民族统一战线……正面战场和敌后战场相互配合、协同作战，都为抗战胜利作出了重大贡献。"因此，我们要告诉学生，尽管抗战八年，国共两党有过不和谐，但总体上是合作的，正因为这种合作，中国的抗战才被称作"全民抗战"。因此我们不但要给学生讲平型关大捷和百团大战，也要给学

细思碎想

生讲台儿庄战役，讲长沙保卫战；不但要讲杨靖宇、赵尚志、左权、彭雪枫等中共抗日英雄，也要讲佟麟阁、赵登禹、张自忠、戴安澜等一批国民党抗日将领；不但要讲八路军"狼牙山五壮士"、新四军"刘老庄连"、东北抗联八位女战士，也要讲国民党"八百壮士"等众多英雄群体。每一位为抗战胜利流过血的将士，无论他是共产党人还是国民党人，都值得我们永远铭记。

抗战的胜利，也是世界反法西斯阵营合力支援中国的结果。过去讲国际援助，我们往往只说苏联红军进军东北，却不谈或少谈美国和其他国家对中国抗战的支援。是的，抗战后期，苏军开赴中国东北战场，加速了彻底打败日本侵略者的进程，这是事实，我们应该让学生知道。但同样应该让学生铭记的，还有整个抗战期间对我们给予支持的国际力量。十年前，胡锦涛曾代表中国人民感谢世界人民对中国抗战的支持："我们不会忘记给予中国抗日战争道义和物质等方面支持的国家和国际友人，不会忘记在南京大屠杀和其他惨案中为中国难民提供帮助的外国朋友，不会忘记与中国军队并肩作战并为中国运送战略物资而冒险开辟驼峰航线的美国飞虎队，不会忘记不远万里前来中国救死扶伤的外国医护人员，不会忘记真实报导和宣传中国抗战业绩的外国记者，不会忘记为中国抗战胜利付出过心血的外国军事顾问及其他方面人士，更不会忘记在中国东北战场上英勇献身的苏军烈士！中国人民将永远铭记世界各国人民为中国人民抗日战争胜利作出的宝贵贡献！"

日本政府必须承认侵华历史，并真诚道歉。中华民族不是一个不懂宽恕的民族。中国政府对日本战俘的改造与宽大，还有战后许多日本遗孤被许多中国妈妈抚养成人然后送回日本，这些都说明中华民族是一个非常善良和宽厚的民族。我们衷心希望中日两国真正"世世代代友好下去"，但是，这得有个前提条件，那就是日本政府（注意：是"日本政府"而不仅仅是某一位或一些日本友好人士）对侵华历史的真诚认错和道歉。已经过去70年了，可至今日本还有绝非"一小撮"的日本右翼势力否认那段残酷的历史，包括安倍政府对待历史的暧昧态度，那么对不起，中国人民就一定要反复言说这段历史，就是要"死磕"！因为这关系着中国人民的尊严。而对日本来说，其国家的尊严，恰恰体现在其政府如何对待自己不光彩的历史上。同样是二战发动者的德国，战后的真诚认罪以及对自己历史的反思，就和日本形成了鲜明的对比。1970年12月7日，联邦德国总理维利·勃兰特在犹太死难者纪念碑前屈膝一跪，以表达对犹太人、欧洲人和世界其他国家和地区人民的谢罪、忏悔之情，这让整个世界震撼。勃兰特跪下了，整个德意志民族却站起来了。德国因此而赢得了全世界的原谅与尊重。什么时候日本政府有了这样的精神与行动，日本才能得到中国人民的原谅，中日才会有真正持续发展的友好关系。

你可以不喜欢日本人，但你要知道我们和他们的差距有多大。中国不乏这样的"爱国者"：动辄叫嚣"灭了小日本"，呼吁"抵制日货"甚至砸伊藤洋华堂，砸日本商品……要告诉我们的学生，这些都是愚昧的想法和愚蠢的行为。刚才我说了，对日本侵华历史，我们当然永远不能忘记，对日本右翼分子否认历史的行为，我们永远不能原谅。但是，我们不得不承认，在很多方面日本现在的确比我们强大。我曾多次对我的学生说过这样一句话："我们中国学生今天学习英语、日语、法语、俄语等外语的最终目的，是要让世界上所有的人总有一天老老实实地坐下来学习我们的汉语！"此话可能有些偏激，但所表达的一定是每一个中国人的愿望：让"中国"二字的含金量再多一些！让中国人的胸膛挺得再直一些！我们还要告诉学生，我们和日本的差距，还远不止是经济上的。2011年3月11日，日本发生了大地震，几百人在广场避震，整个过程中无一人抽烟；服务人员拿来一些毯子、热水、饼干，所有男人帮助女人，跑回大楼为女人拿东西，接来电线放收音机，三个小时后，人散了，地上没有一点垃圾。不要不服气，在这方面我们的确比我们的对手差。如果我们不承认这一点，不努力提升中华民族每一个成员的文明修养，就算将来中国在经济上真正强大了，不光日本，世界其他国家一样会看不起中国人的。一个民族的自信与智慧，有时候恰恰体现在勇于并善于向自己的对手学习。所以，我们不但应该学习包括日本民族在内的世界各个强盛民族的科学技术和其他先进之处，甚至完全可以享用包括日本在内的世界发达国家的物质文明和精神文明的成果。但是，我们时刻都不应该忘记，我们的最终目标是中华民族的伟大复兴!

　　只有教师对抗战历史以及中日关系具备全面、科学而理性的认识，我们才有可能对学生进行正确的教育。如何对中小学生进行抗战历史教育，不仅仅考验着教师的智慧，也检验着教育者的历史眼光、人文胸襟与教育境界。

2015 年 9 月 3 日

追求教育的真境界

我曾写过一篇微博：

有句话流传很广："我们走了很远，却忘记了为何出发。"这话同样适用于教育。常有人说我有"很前沿的理念"，我总是解释："我没有任何'前沿的理念'。我所做的一切，都是回到教育朴素的起点，遵循教育常识，面对我们眼前的一个又一个孩子，坚守良知。"仅此而已。

这里，我提到"朴素""常识"和"良知"。这也是近年来不断出现在我脑海中的三个关键词。我越来越认为，保持朴素，遵循常识，坚守良知，就是在追求教育的真境界。

所谓"保持朴素"，就是不夸张，不华丽，不喧嚣，质朴，本色，素净。叶圣陶说过这样朴素的话："教育是农业。"那么，"农业"是什么意思呢？就是春风化雨，顺其自然，不急不躁，从容不迫。种庄稼，无非就是年复一年做着同样的事，该播种就播种，该施肥就施肥，该除草就除草。教育，不也是日复一日做着平凡琐碎的事吗？——认认真真地备课，认认真真地上课，认认真真地批改作业，认认真真地找孩子谈心……除了这些，还有什么呢？一个日子，一个孩子，不就是教育吗？善待每一个日子，呵护每一个孩子，不就是教育的全部吗？再说直白一些，守着孩子过日子，教育就这么朴素。

所谓"遵循常识"，就是以清醒的大脑守住基本的理性，用众所周知无需证明的知识去辨别和判断真伪。以前"水变油"的骗术蒙倒了很多人，其实凭常识就可以识破。现在教育领域也有许多"水变油"。戳破这些骗术，并不需要什么高深的理论或过人的智慧，只需常识。比如，有一所初中创办不过三年，第一届毕业班就夺得了许多"第一"，于是校方大吹大擂其如何"严格遵循教育规律""创造了教育的奇迹"。但我就不信这个所谓的奇迹。后来私下通过该校"内部人士"了解到，原来他们做了许多"手脚"，比如拼命挖别校的"优生"，同时不择手段地强迫"拖后腿的差生"一个个"自愿转学"……这样一来，当然"一炮打响"，当然"一鸣惊人"。我之所以一开始就看破了其谎言，依据的就是"一分耕耘一分收获"的常识。又如，有一所学校声称其特色是"消防教育"，说是"通过消防教育带动了全校的素质教育"，"促进了学生德智体美劳素质的全面提升"，我一听就凭常识判断这是吹牛不打草稿。消防教育是很重要，但如果居然能够"全面带动"学校发展、学生成长，那教育部应该发文让全国所有中小学都普及消防教育，或者干脆把"实施素质教育"改为"普及消防教育"。遗憾的是，现在还有不少人热衷于这种骗术，用各种"新潮理论"包装其假货；更不可思议的是，居然还有不少人相信。我认为，常识是抵御所有骗术的利器。

所谓"坚守良知"，就是永远守住自己的童心，就是守住做人最起码的善良与诚实。我们都曾经是孩子，想想我们当初做孩子的时候，希望遇到怎样的老师，现在我们就做那样的老师好了；或者说，我们现在也有孩子，我们希望自己的孩子遇到怎样的老师，我们就做那样的老师，这就是"良知"。"己所不欲，勿施于人"，这就是"良知"。言行一致，率先垂范，这就是"良知"。不说假话，不做假事，这就是"良知"。不偏心，不势利，保持师生关系的纯洁，这就是"良知"。

一说到教育，我们一些教育者容易想到一些宏大的词语："理念""品牌""模式""国际化""人类价值""终极关怀"……唯独很少想到具体的人。我这里说的"具体的人"，指的就是每天在校园里向我们迎面问好的一个又一个天真无邪的孩子。别忘了,"素质教育"也好,"课程改革"也好,这样"创新",那样"超越",最终都是为了每天在校园里雀跃奔跑或在教室里凝神谛听的孩子。这就是"良知"。

教育的良知,更多的时候体现在一些细节上。面对高扬着小手臂说"老师好"的孩子,我们也真诚地回一声"小朋友好";弯腰拾起从远处滚过来的乒乓球,然后笑眯眯地还给奔跑过来气喘吁吁的孩子,或者干脆就和他们一起打乒乓球;课堂上随时关注坐在后排边上那个成绩不好因而自卑的小男孩,设计一个他能够回答的问题,然后有意抽他起来回答,最后让全班同学给他以掌声;发试卷时,把写有分数的一角卷起来再交给学生;学生走进办公室,先对他说"请坐",然后递上一杯水;认真仔细地批改每一本作业而不是敷衍地写个日期;预备铃响了之后就走进教室,而不是等到正式上课铃响了之后才匆匆赶到;备课时,为了弄清一个字的古音或一个词不同语境下的含义,而翻阅比较不同的辞书,琢磨推敲……这些都是"良知"。

很多年前的一个早晨,台湾作家张晓风曾在阳台上看着自己儿子上学的背影,感慨万千,然后回到书房写下一篇短文《我交给你们一个孩子》。其中有这样的语段:

学校啊,当我把我的孩子交给你,你保证给他怎样的教育?今天清晨,我交给你一个欢欣诚实又颖悟的小男孩,多年以后,你将还我一个怎样的青年?

他开始识字,开始读书,当然,他也要读报纸、听音乐或看电视、电影,古往今来的撰述者啊,各种方式的知识传递者啊,我的孩子会因你们得到什么呢?你们将饮之以琼浆,灌之以醍醐,还是哺之以糟粕?他会因而变得正直、忠信,还是学会奸滑、诡诈?当我把我的孩子交出来,当他向这世界求知若渴,世界啊,你给他的会是什么呢?

世界啊,今天早晨,我,一个母亲,向你交出她可爱的小男孩,而你们将还我一个怎样的呢?

张晓风把儿子的未来全部寄托于学校，显然是片面的，因为教育毕竟不仅仅是学校的事，还有家庭的责任；但作为教师，我理解她对我们的期待。这位母亲的发问，敲击着每一位教育者的心。人心都是肉长的，将心比心，我们所有的工作，不都是为了对得起千千万万母亲的信任与托付吗？

于是，今天，我怀着神圣的心情写下这篇文字，算是对自己庄严的提醒：追求教育真境界——保持朴素，遵循常识，坚守良知，这就是对天下所有母亲最好的回答。

2015 年 11 月 25 日

微小而真实的善良

在孙女给爷爷撑伞都要成为新闻的今天，我们越来越不相信这个世界上有真正的善良了。因此，今天我看到的两件小事便让我格外感动。

一位30岁的小伙子，四年前租了一间公租房，刚住进去十来天，未婚无子的房东大爷便中风瘫痪了。四年来，小伙子一直照顾这位老人，直到他住进医院，还24小时守候。普通的善良人，有一颗比金子还亮的心！

我当然有足够的依据证明这是真的，所以将其晒到了网上，结果有人质疑：谁能保证这个小伙不是贪图老人的房子呢？说实话，我心里很是不快，因为根据有关的现行政策，公租房只能出租，不能买卖。也就是说，就算老人去世了，小伙子也不可能得到这套房子。小伙子的善良不但真实而且纯粹！其实，我也理解有些网友的质疑，因为现在貌似善良实则阴暗的人的确不少，有时候我们的爱心正是被一些"善良"的骗子给亵渎了。但是，我依然相信这个世界上有纯粹的善良存在。

第二件不是我"看"到的，而是我的经历。因为工作调动，我的特殊疾病门诊手续得从原单位所在街道转到现在的工作所在地。于是，今天我怀揣一系列手续来到望江社区卫生院。去之前我还在想：原来在簇桥卫生院时廖安琪医生对我特别好，在这里会不会遇到冷漠的医生呢？结果，一走进卫生院，无论是导医姑娘，还是诊断室的医生，都让我感到春风扑面。亲切的笑容，温暖了冬天。

医生姓杨，临别时还加我微信。后来我在微信上写道："杨医生，非常感谢您！今天我还以为办手续会很复杂，特别担心自己哪一项手续不全而不能办。结果没有想到这么顺利。我是随机找到您的诊断室的，第一眼便看到您笑眯眯的眼睛，一下子就感到特别亲切。谢谢您带给我这么温馨的第一印象。以后还会持续麻烦您。您对患者表现出这样的热情和蔼，向您表示敬意！"

我何尝不知道医生对病人耐心热情是"应该"的，甚至可以说是起码的职业规范，但问题是，我见过不少麻木不仁的医生，相比之下，能够给患者带去温暖的医生，我应该为之点赞。

都说"中国人讲人情味"，其实不然。中国人往往只是在熟人圈子里讲人情味，对陌生人则很是漠然。你看看每天早晨公寓上上下下的电梯里，那些挤着自己的人，不都是自己的邻居吗？彼此之间可曾有过温暖的笑容或点头？再看看飞机着陆时，走出机舱的乘客，有几个给微笑着说"再见"的空姐回过一声"谢谢"？还有，面对气喘吁吁满头大汗递上包裹的快递员，我们是否会说声"辛苦了"或"进来喝口水吧"？……"国家体制"当然重要，"民主政治"也很关键，但"有几流的人民就有几流的政府"，一个民族的素质毕竟由这个民族无数普通一员的言谈举止和彼此关系构成。一个社会的温度，往往取决于无数个普通人彼此之间的笑容。

我曾经说过，当官的走到哪里都会觉得"社会风气很好"，因为他走到哪里都前呼后拥，都有人点头哈腰。所以一个国家的文明程度，并不是看大家对官员的态度，而是看普通的陌生人之间的态度，尤其是看大家对弱者的态度。

不管这个国家还有多少贪官，我们的社会还有多少骗子，日常生活中依然有无数百姓保持着纯粹的善良，并默默散发着心灵的芬芳。写到这里，我想到了我每周都要去的那家理发店的胥师傅，想到了每天都要给我热情问好的单位门房李师傅，想到了我家楼下补鞋的不知姓名的师傅……

这点点滴滴真实而纯粹的善良，是在这个令人悲观的时代我们对生活依然没有失去信心的原因。

2015年12月23日晚上

陶行知研究会最该做什么？
——在四川省陶研会的发言

虽然我是中国陶行知研究会常务理事，但真正在陶研会里工作，我还没有经验。这次担任四川省陶研会副会长，我一定尽我所能做好工作。我想讲三点。

第一，陶行知研究会应该努力推动陶行知教育思想的普及。

我们有中国教育学会，还有中国陶行知研究会，省里也是一样，除了有四川省教育学会，还有四川省陶行知研究会，另外还有其他学会。我想，既然是名称不同的学会，那么各个学会显然就有着自己的定位与特点。我们应该努力将陶行知研究会与教育学会区别开来。如果都是一样的论坛、一样的课题、一样的活动，陶研会和教育学会就没区别了。

而且，我特别不主张陶研会给基层的学校和老师下任务，一会儿这个课题，一会儿那个项目，一会儿又是什么检查，等等。这样会让下面的校长和老师负担很重。我做过校长，校长最怕应付各种事儿。以前应付都很困难，现在又加上陶研会的事儿需要应付，校长和老师会特别反感，而且嘴上还不好说。那么，我们陶研会最该做什么呢？

我建议，陶研会应在大力普及陶行知教育思想上作些努力。恕我直言，尽管陶行知的名字已经家喻户晓，但恐怕现在相当多老师甚至校长，只知道"陶行知"这个名字，最多听说过"生活教育"之类，且也仅仅是知道个概念而已。今天大多数教育者对陶行知的教育思想其实知之甚少。

省陶研会应该在大力宣传和普及陶行知教育思想上多做文章。这绝不是简单地往后看，而恰恰是今天教育改革的需要。因为今天我们提出的素质教育以及新课改的许多主张，都没有超出陶行知当年的视野。读他的书，我们会觉得特别亲切。如果省陶研会能够让陶行知教育思想在今天空前普及，并深入人心，那就是做了陶研会最该做的正事。践行陶行知教育思想，就是实行素质教育。

第二，陶行知研究会应该大力倡导追求朴素的真教育。

我当然是有感而发的。陶行知一生都在呼吁做真教育，痛斥假教育。对比陶行知朴素的教育思想，我们看到当今中国的教育真是虚假而浮躁。今天这个"特色"，明天那个"品牌"，"模式"满天飞，"标签"到处贴，还有各种级别各类名目的"课题"……我们的教育究竟为了谁？我们走了很远，却忘记了为何出发。

弄虚作假成了常态。几乎每一次迎检都是作假，这严重违背了陶行知的教育思想。为什么我说不要一味地给下面布置什么课题？因为只要上面有"课题"，下面就有应付。这种情况我见得太多了，找几个专家来开题，然后什么都不做，几年后结题前赶紧写几篇文章，再找几个专家来"结题"，然后将有关文章汇集成册，"科研成果"就出来了。这是典型的假科研。我绝不是反对搞教育科研课题，但我更主张课题从学校来，学校针对具体问题提出研究课题，我们陶研会给他们提供相应的指导，帮助他们解决实实在在的真问题，让科研成为真科研。

所以我希望省陶研会不要为课题而"课题"，也不要为了显示自己的"存在"而搞各种劳民伤财的活动，不要折腾学校。你折腾学校，学校就会弄虚作假应付你。我们根据学校的需求提供服务就好了。最近几年，我一直呼吁追求教育的真境界。所谓"真境界"，就三个词：朴素，常识，良知。教育的根本目的是为了学校的孩子，不是为了各级领导，更不是为了做来给别人欣赏的！如果省陶研会能够让学校充满宁静，不急不躁，踏踏实实地做真教育，就很了不起了。

第三，陶行知研究会应努力帮助学校培养一大批陶行知式的教师。

没有比培养一大批陶行知式的教师最能够有效地继承陶行知的教育思

想的了。而当今中国，最缺乏因而最需要的就是一大批有理想有献身精神有专业素养的教师。陶行知式的教师，当然可以说出很多标准，但我觉得最重要的，还是有甘于献身教育的理想主义精神，有发自内心热爱孩子的教育情怀。

陶行知先生曾说："要想完成乡村教育的使命，属于什么计划方法都是次要的，那超过一切的条件是同志们肯不肯把整个的心献给乡村人民和儿童。真教育是心心相印的活动。唯独从心里发出来的，才能打到心的深处。"读着这段话，我很自然地想到了今天的素质教育。说到"素质教育"，不少教育者往往更多地把眼光投向教学内容、教学方法、教学设备、考试制度等的改革，这些当然是必要的，但是，素质教育绝不仅仅是教育技术层面的事，它首先是一种充满情感的教育，是充分体现教育者爱心与童心的教育，是"心心相印的活动"。

最近，我和陶行知教育基金会的秘书长聊，他说他们正和民营企业家一起筹备，打算在四川办一所陶行知师范学校。我觉得这事儿特别好。无论多么先进的教育思想，都得靠一个一个的教师来践行。我觉得如果可能，我们四川省陶行知研究会应该促成这件事。当然，培养陶行知式的教师，不只是通过专门的学校，更主要的还是在实践中培养。在这方面，省陶研会是能够为一线教师特别是年轻的教师成长为陶行知式的教师提供条件的。

我就说这些。我很直率，说得不对的，请批评。

2016 年 1 月 16 日

请称校长为"老师"

校园里有许多称呼，比如学生对老师的称呼，老师对学生的称呼，还有学校同事之间的称呼，等等。这些称呼看起来似乎是小事——不就是一个称呼吗？但实际上，不同的称呼折射出某些不同的观念。称呼里面的"学问"大着呢！

比如，一般情况下，学生见了老师都喊"某老师好"，这是没错的，但如果碰见学校干部叫"某校长""某主任"，总觉得怪怪的。

如果都以叫干部职务为时尚，那对同学的称呼，是不是也可以有"某班长"、"某班委"、"某主席"（学生会主席）、"某书记"、"某部长"（学生会宣传部部长）、"某副部长"呢？若真这样，那学校则成了官场了，学生干部之间则应该互称"同僚"，在老师面前则应该自称"卑职"！多么可笑，又多么可怕！

为什么不称呼"老师"而要叫职务呢？背后的原因，还是中国人根深蒂固的官本位思想。中国人都习惯于叫干部的头衔，比如"某局长""某校长""某主任"。而且有趣的是，第一，从来都把副职叫成正职，比如王副市长，往往叫成"王市长"；第二，叫着叫着还把"长"给省略了，简称为"黄县""陈局""胡科""王队"之类，让人莫名其妙。

还有一种称呼，表面上平等，其实还是透着官场气息，就是称"名字加官衔"。比如，在成都，李春城倒台前，对他的规范称呼是"春城书记"。我也经常被人称作"镇西校长"。我搞不懂,"李春城书记"和"春城书记"有什么本质的不同?最后的落脚点不都在"书记"上吗?绕来绕去,故作亲切与平等,但骨子里面还是官本位。

我想到80年代,那时候人们对党中央总书记胡耀邦的称呼不是"胡总"也不是"耀邦总书记",而是很简单的"耀邦同志";对当时的国务院总理赵紫阳也不是叫"赵总理"或"紫阳总理",而是"紫阳同志";对邓小平同志的称呼,也就"小平同志"四个字,有时候连"同志"都省略了,直接称"小平"——1984年国庆阅兵式上,大学生打出的横幅就是"小平您好"!

中国现在是共和国,每一个国民都应该是公民——注意,我这里说的是"应该",就意味着实际上还有不少公民没有意识到自己是公民。公民,就意味着拥有民主情怀和平等思想。这种民主情怀和平等思想,可以体现在大的方面,也可以体现于生活细节,比如称呼。作为理应成为现代公民的每一位老师和每一位同学,都应该唾弃任何具有封建色彩的官本位思想。在校园里,学生之间只应该有一种正式称呼,叫"同学"——一同学习的伙伴;所有教育者——无论他是班主任还是科任老师,或者是主任、校长,在同学口中也只有一种称呼,叫"老师"。"同学"和"老师"是校园里最美的称呼,既平等又庄重。

其实,学生之所以有诸如"某校长"之类的称呼,还是受成年人的影响。在校园里,老师口中"张校长""陈书记""王主任"之类的称呼太普遍了。其实,无论校长还是主任,无非是学校工作的分工不同而已,而本质上都是教育者,因此彼此最好的称呼还是"老师"。这是一种平等的互相尊重。

我自当校长第一天起,就给老师们提出了要求,希望不要叫我"校长",而叫"老师";而且不只是对我,对其他干部一律叫"老师"。这不是一般意义上的谦虚,更不是故作谦虚,而是希望在学校从称呼上倡导一种平等意识。这么多年来,学校许多老师一直叫我"李老师",但或许是由于某种惯性,很遗憾也有老师一直叫我"李校长"。我希望以后所有学校的老师和学校干部之间,都互称"老师",大家互相为师,彼此学习。

这是人与人之间的一种境界!

职衔不是不能叫,但要看场合。一般来说,正式的会议或某种公共场合,叫"官衔"是应该的,不叫则不得体且有失礼仪。但日常生活中,彼此完全不必以这个"长"那个"长"互相称呼。包括在学校,有的场合亮出行政职务也是必要的,比如在一些正式会议上,需要校长代表学校讲话,如果主持人宣布"请某老师发言"显然不妥。那么,我认为主持人可以这样说:"下面,请我校校长某某某老师讲话"。这个"矛盾"不就解决了吗?同样,在新学期开学典礼上向新生介绍学校领导班子,也可以这样介绍:"这位是我校校长某某某老师,这位是我校副校长某某某老师,这位是我校德育处主任某某某老师……"这不挺好吗?

老师们对学生的称呼比较多,有叫"同学们"的,也有叫"孩子们"的;单个叫学生,有直呼其名的,也有省去姓而直叫其名的。我认为,种种称呼不可以一概而论,还得看具体场合。比如,在课堂上,就不宜叫"孩子们"而应该称"同学们",单独抽学生发言,叫其全名而后缀"同学"——如"某某某同学",更得体一些。而在课余活动中,或私下交往中,叫"孩子们"更亲切,对单个学生也完全可以直叫其名,甚至叫他的昵称。

平等不等于民主,但没有平等绝对没有民主。不过我们一说到平等,往往只想到指人们在社会上处于同等的地位,在政治、经济、文化等各方面享有同等的权利,等等。这完全是正确的。但平等还体现在日常生活中的一些细处。称呼的平等,往往折射出人格与尊严的平等。

公民意识,从细节体现;平等观念,从称呼开始。

2015 年 7 月 1 日

校长一定要"兼课"吗？

我写《请称校长为"老师"》这篇小文章，建议在学校里面，无论校长、主任还是一般教师，都互称"老师"比较好，因为都是教育者。我的用意在提倡一种人与人之间的平等，而不要让"官本位"的观念在校园里被强化。后来陆陆续续听到一些同行的不同意见。不止一位老师对我说：有的校长从不上课，包括给老师上课，哪里配称为"老师"呢？

应该说，我写那篇文章的时候还真没想到这点，谢谢这些老师的提醒，丰富了我对这个问题的思考。我当时是从一般意义上说，作为学校的教育者都可以称作"老师"，当然包括校长。而这些老师之所以不赞成把校长称作"老师"，是因为某些校长不但不进课堂，甚至连学校教学都不了解不熟悉。对此，我完全同意。其实，对这样的"校长"（我加了引号），哪里仅仅是不配称作"老师"呢，叫他"校长"也不配！同理类推，有的主任也不配叫"主任"。再推而广之，任何一个领域、任何一种职业都存在"名不副实"的人，这样的人都不配他所在职业相应的称呼，比如不配叫作"医生"、不配叫作"警察"……任何尊称都有可能遇到个别"不配"的，比如过去彼此称"同志"，后来都认为"我怎么知道他是不是我的同志啊"，于是"先生"一词流行起来了。其实，尊称别人叫"先生"也有问题："他的人品和学识配得上我叫他'先生'吗？"甚至对某些人我们还说他不配叫作"人"呢！再从另一个角度看，如果校长把学生教师放在心上，平等对待学校的每一位老师和孩子，就算被称作"校长"，师生们也会在心中真诚地把他视为师长，否则恰恰相反。今天的柬埔寨全称是"柬埔寨王国"，可在波尔布特时代其国名曾叫"民主柬埔寨"，历史已经证明这是一个讽刺。

好了，称校长为"老师"本来也只是我在我校的一个倡导，至于其他学校对校长怎么称呼，我表示尊重，对此不打算多说了。但是，"校长一定要上课才能被称作老师"这个观点，引发了我对"校长兼课"这一话题的深入思考。这里我也简单谈谈。

我经常听有老师以魏书生老师为标杆，去评判校长："看人家魏书生，不但当了校长，甚至当了局长都还上课，当班主任，可我们的校长，从不上课，更别说当班主任了。"其实，说这话的老师忘记了一个前提，就是魏书生老师所谓"上课"和"当班主任"，都不是在传统意义上按传统方法上课当班主任的，否则他根本不可能当局长同时承担课堂教学和班主任工作。他能这样做，和他独特的智慧有关——对此这里不便展开多说。总之，魏书生老师兼课当班主任的做法，是不可复制的，也不宜推广。

坦率地说，我在做校长九年期间也长期上课，有一段时间还当班主任——我这个班主任可不是"挂名"的，每天早晨甚至还和学生一起跑操呢！但我这个做法，也不值得"学习"，因为我有我的特殊性。这个"特殊性"就在于教育局为我配备了常务副校长，我不用像一般的校长那样，事无巨细地操心学校事务，我只是宏观把握学校发展方向，具体事务都交给副手了。我不是党员，也不管党务，我不会喝酒，因此也不用去参加各种应酬。所以，我就有充裕的时间进课堂，走向讲台；进班级，走进心灵。如果我也像一般校长那样累——现在的校长的确很累，那么我不可能长期上课，更不可能当班主任。

长期以来，在一些人的眼里，校长兼课似乎不仅仅显示其专业能力，而且好像还表明一种"道德高度"。我却在想，校长是不是一定要兼课？我觉得不一定要兼课。

我先解释三点：第一，我这里说的"兼课"特指按课表进教室给学生上专业课，不包括偶尔给学生开讲座，也不包括校长给教师作培训；第二，我说的是"不一定要兼课"，也就是说，如果校长一定要兼课，以不耽误学校管理工作为前提也未尝不可，但最好别兼，理由下面说；第三，这里说的"校长"指的是学校一把手校长。

从日常运行和宏观发展的角度讲，在一个学校，校长和教师都很重要，但各自的分工不一样，所起的作用也不一样且无法互相取代。就像一艘轮船，船长和船员各自的职责和作用不能互相取代。由于校长和教师担负的职责不一样，所以各自思考和忙碌的重点也不一样——校长关心的是学校发展大局，课程改革，教师素养提升，还有学校与上级以及社会各部门的种种关系，等等；教师关心的是备课、上课、批改作业、研究教材、研究孩子，等等。校长当然也应该关注学生的心灵，否则所有的教育理念都成了空中楼阁，教师当然也应该关心学校的方向，否则他就是一个盲目的"知识搬运工"。总之，校长主要负责学校发展和教师成长，教师主要负责课堂教学和班级管理。我说的是"主要"，是"侧重点"。这应该没有争议吧？一个老师如果不把主要精力放在备课、上课上，而整天想的是怎么把教育局关于"两学一做"的精神落实到学校的每一个环节，这就有点滑稽了；同样，一个校长不把主要精力用于怎么在现代化国际化背景下将学校不断推向前进，却老是琢磨如何把《荷塘月色》上得更精彩，这不同样荒唐吗？

而且，就算你校长年富力强而精力充沛，可毕竟有那么多的会需要参加，有那么多的事需要汇报，有那么多的领导需要接待，有那么多的"验收"需要应对，有那么多突如其来的"任务"需要完成……更别说还应该每天都找老师谈心，或听课。校长在完成了如此繁重的工作的同时，真的还能够静下心来备课吗？能够精心地批改学生的作业吗？能够根据不同学生的学习情况予以富有个性的及时辅导吗？如果不能，这不是耽误学生吗？如果因为"校长工作"不能按课表时间上课而频频调课，甚至让老师代课，这对学生而言，客观上是多么的不负责任啊！

当然，作为一校之长，应该是熟悉教育教学，所以应该经常深入课堂，深入教研组，和老师们一起研究课堂，研究教改，但这并非就一定要兼课。有人认为，校长在教学上一定要比教师强，否则你怎么指导老师呢？这话恐怕说绝对了。我认为，校长应该是教育教学的内行，课堂教学能够比教师强当然更好——实际上我们很多校长正是靠精湛的教学技艺和出色的教学质量而成长为校长的，但不一定所有校长的教学能力都非要和特级教师相当。校长岗位本身就有其专业性，这个专业性不完全是教学能力，而远比教学能力更丰富。如果校长在综合管理素养上称职，而可能（我说的是"可能"）在其中的"教学能力"上略低于一个优秀的教师，我认为这不妨碍他成为一个好校长。我说"略低于"就是想说，校长可以上课不如一名特级教师，但不能上不好课；他的教学能力不一定出类拔萃，但至少应该是一流水平。北京十一学校的李希贵校长，上课肯定不如他手下的那么多特级教师，但他本人不但是语文教育专家，而且是教育改革的专家。如果他也成天上课当班主任，会有今天的十一学校吗？打个也许不那么贴切的比方，到现在都还没什么知名度的朱志根肯定在游泳方面是内行，不，岂止是"内行"，应该说是专家，不然他怎么能指导出如今名满天下的世界游泳冠军孙杨呢？但去比赛朱志根肯定游不过孙杨。在学校，教师就是孙杨，校长就是朱志根。

也许有人会以苏霍姆林斯基在帕夫雷什中学当校长同时兼课为例，来证明校长上课的必要性。但我们今天所处的时代和苏霍姆林斯基所处的时代不一样了，同样的教育理念可以通过更符合时代特点和学校实际的方式来呈现。何况我们今天做校长已经不再"单纯"，校长承载了太多的非校长的义务。可以断言，如果苏霍姆林斯基来今天的中国当校长，恐怕无法胜任。别说其他各种乱七八糟的事儿，仅"校园安全"一事就会让他焦头烂额，无暇顾及其他，还"上课"呢！

我这里说的是一把手校长不一定兼课。那么副校长和中层干部呢？我觉得应该兼课，因为"副校长"和"主任"的职责与校长的职责还不同，而相对来说，精力也允许，因此应该兼课，何况现在全国绝大多数学校的副校长和主任都是兼课的。当然，如果个别学校情况特殊，副校长不兼课也可以理解。对此，我就不多说了。

我完全理解并赞同有的老师所批评的现象,一些校长把校长当官做,自己不学无术,不管教学,不进课堂,连给教师作个培训都不会,只知道从外面请专家来给老师们作培训。这样的"校长",无论做教师还是当校长,都是不配的。

2016年8月7日

民主校长，请从小事做起

学校民主，当然主要有赖于校长创建一个民主的治理体系，让每一个教师的主人地位，不是源于校长的个人作风而是来自制度的保障。在这方面，北京十一学校的李希贵已经作出了有益且有效的尝试。但民主不仅仅是一种制度，也是一种生活方式。

这个观点最早是杜威提出的。在杜威那里，"民主"的含义是很宽泛的。他认为民主不仅仅是一种政治制度，而且还是一种生活方式，并渗透于人们生活的方方面面。我认为，这是杜威对民主更为深刻的理解。将民主看作一种个人的生活方式，即认为民主不只是一种形式或者说外在的东西，而是一种内在的修养。这种内在的修养体现于日常生活和与人交往的过程中：相信人性的潜能；相信每个人不分种族、肤色、性别、家庭背景、经济水平，其天性中都蕴含着发展的无限可能性；相信日常生活与工作中，人与人之间是能够和睦相处、真诚合作的。民主的生活方式，意味着自由、平等、尊重、多元、宽容、妥协、协商、和平等观念浸透于社会的每一个角落，体现于生活的每一个细节。

既然民主也是一种生活方式，那么它就不仅仅是一个孤立的"制度"。因为作为一种生活方式的民主和作为政治制度的民主不是割裂的，更不是对立的，而是互为因果、相辅相成的。民主的政治制度需要社会土壤，这"土壤"便是民主的生活方式；同样，民主的生活方式需要制度保障，这个保障制度便是民主的政治制度。好,还是回到学校民主这个话题。作为一个富有民主情怀的校长,他除了追求学校制度中的民主含量,还通过日常生活把民主精神自然而然地表现出来,并渐渐化作全校师生的生活方式。

比如称呼。我之所以建议把包括校长在内的所有行政管理者都称作"老师",正是基于"平等与民主"的理念:就一般意义而言,校园的所有从业人员都是教育者——不仅仅是每天上课的教师,也包括所有行政管理者和后勤人员,不然怎么有"全员育人"一说呢?既然如此,用"老师"取代行政职务而成为校长、副校长、主任们的称呼,不是很自然的吗?对此我已经有文章作过专门论述,这里从略。再补充两点:第一,学校工作人员之间互称"老师",这对其他学校也许只是一种设想,但对我所在的学校来说,是现实。武侯实验中学许多老师都叫我"李老师"而不是"李校长";当然,也有少数老师习惯了叫"李校长",那也没关系,我只是倡导而非强迫。不只是我们学校,我知道全国还有一些(当然不是所有)学校,校长也被称作"老师"的。至于有的校长的个人品质和业务素养是否配称作"老师",那是另一个话题了。第二,由于传统习惯的原因,也许在有些学校里,校长不愿意老师称自己为"老师",而老师也不敢称校长为"老师",但这不能成为我们不追求平等与民主的原因。联合国教科文组织的不朽文献《教育——财富蕴藏其中》的序言题目是"教育:必要的乌托邦",这说明在理念的追求上,教育就是应该相对于"现实"有所"超前",或者说通俗点,应该"理想化",不然就不叫"教育"。不能因为中国现在许多民众的民主观念和民主素养还不够强,便放弃我们对更加民主的社会的追求。一百多年前,去问问绝大多数中国老百姓:"中国需要不需要皇上?"可能90%以上的答案都是:"那当然啦,这世道没皇上还得了?"但这种"现实"并没有妨碍孙中山们对共和体制的追求,终于推翻了封建帝制。我这个类比并非"上纲上线"。我想说的是,不能因为有的校长"官本位"思想严重因而一线老师不敢称校长为"老师",我们就放弃追求校园的民主生活。

又比如校长的大会讲话。校长在全校大会上讲话,也能体现出校长本人对老师的尊重——而"尊重"是民主的基本要义。我这里说的还不是作为名词的"讲话"内容，而是指作为动词的"讲话"行为。第一，校长对大会讲话的认真准备。我每次大会讲话都精心准备，PPT反复修改，尽可能完美。既然校长要求老师们认真对待每一堂课，那么校长有什么理由不认真对待每一次大会讲话呢？第二，校长讲话的时间控制。我只是一名老师的时候，和几乎所有老师一样，特别反感校长说话啰里啰唆，没有时间观念，一讲就是一下午，完全不顾老师们的感受。因此我每次大会讲话的第一句话往往是："我今天的发言时间是一个小时……"或者"半个小时"，或者"20分钟"。我大会讲话经常都会插入视频，或给老师们播放纪录片、故事片，如果纯粹是我个人讲话，一般不超过一个小时，也有两个小时的时候，但不多。我认为，控制讲话时间，就是对老师们的尊重。所以我曾经跟老师们说："我规定的讲话时间一到，如果我还在讲，你们可以走，不是你们不尊重我，而是我首先没尊重你们！"当校长九年，我一直严格遵守讲话时间，从来不拖堂，所以老师们从来没有在我没讲完话之前离开过。第三，站着讲话。我们已经习惯于这样的大会，主席台一侧有发言席，但那是给一般发言者提供的，而主要领导则是坐在主席台中间，最后他作"重要指示"的时候，不但是坐着讲，而且没有时间限制，他想讲多久就讲多久，他什么时候讲完什么时候才散会。对此我特别反感。所以，在我工作的学校，每次大会我一律站着讲话，并严格遵守时间，以此表达对每一位老师发自内心的尊重。

　　再比如参加各班拍毕业照活动时和孩子们一样站着。每当学年结束，校长们都会应邀参加各班拍毕业照活动。每当这时，许多校长都已经习惯于坐在前排，校长两边依次坐着副校长、主任和老师。我当校长第一次被邀请来到毕业班已经站好的队列前，看到第一排的椅子很不舒服，感觉到一种"官本位"的气息。我当即请求把椅子撤了，无论校长还是班主任或科任老师一律进入学生的行列，和孩子们融为一体。我记得当时孩子们都鼓起掌来，开心得不得了。从此以后，武侯实验中学的毕业班合影，前排都没有椅子，因为所有老师（我这里的"老师"当然包含校长和主任）都站在孩子们的队列中。这个细节已经是我校的惯例，或者用一个大的词叫

"传统"。师生平等，在这一细节中成为校园的一种常态。

民主及高度民主，是人类的追求，也是我们民族和国家的追求。高度民主的社会需要具有民主素养的公民，因此培养真正的公民是学校的责任与使命。无论生活方式，还是制度建设，一个学校的民主取决于校长的民主情怀及践行。在这里，"践行"就体现于一些小事上，除了上面所例举的几点之外，还有很多：把自己的手机号向全校师生公开，随时倾听最需要关心的声音，并告诉老师："我就是你的110！"大型集会或活动，校长讲话时，第一句话不是"尊敬的各位领导，老师们，同学们，大家好！"，而是"亲爱的孩子们，老师们，尊敬的各位领导……"每次找老师谈心时，应该事先预约，和老师商量谈心时间，而不是打电话下命令："到我办公室来一趟！"每次参加学生的活动，没有特殊原因不中途退场，如果非中途离去不可，应该给孩子们解释并表示歉意。每当孩子们到校长办公室时，校长对孩子说的第一句话应该是"请坐！"，并送上一杯水……只要真正把老师和孩子放在心上，一切都是很自然的，而不是"故作姿态"。

陶行知曾指出："民主的时代已经来到。民主是一种新的生活方式，我们对于民主的生活还不习惯。但春天已来，我们必须脱去棉衣，穿上春装。我们必须在民主的新生活中学习民主。"公民的诞生，当然不仅仅是学校的事，还与国家发展和社会进步有关，但作为教育者我们不可能直接参与国家的管理与社会的改造，我们只能做我们能够做的事。从这个意义上说，校长的民主素养至关重要。因为没有民主的校长，就很难有民主的教师；而没有民主的教师，就很难有民主的学生，即未来的公民。

2016年8月10日

我为这张领导"靠边站"的照片点赞

今天下午，武侯区委区政府举行了教师节表彰活动。活动结束时，主持人宣布："请领导们上台和全体获奖教师代表合影留念！"于是观众席上的领导们起立，朝台上走去。顿时，各路记者长枪短炮蜂拥而上，一阵狂拍。我没带相机，赶紧掏出手机在记者后面踮着脚匆匆拍了几张。

拍完后回到座位我点开看，一下愣了：怎么看不见领导们？再仔细看，前排是戴着红领巾的孩子们，孩子们后面是获奖代表。因为是用手机远距离拍的，照片不太清晰，似乎有几个领导站在孩子和老师之间，但被挡住了，完全不突出。可以清晰地看到的是，几位领导分明站在旁边。总之，这张照片突出的主体是优秀教师和孩子们——而这，我认为恰恰才应该是教师节的主题。

我们太熟悉这样的合影了：各行各业的先进人物、优秀人物、劳动模范整整齐齐地站在后面，而领导们坐在前排的椅子上。本来表彰活动的主体应该是获奖者而不是领导，但照片上的主体却是领导，获奖者则成了陪衬。这样的"合影"传达出怎样的理念呢？那就是获奖者的荣誉是领导"恩赐"的，所以施与者当然应该坐着，而受恩者自然满怀"感恩之心"恭恭敬敬地在后面站着。如果让领导站着，甚至站在旁边，那是不可能的，那叫"政治错误"甚至"政治事故"。但今天武侯区领导和获奖教师代表的合影，颠覆了这种被颠倒了的观念。因此，我为这张没有突出领导,甚至有的领导"靠边站"的合影点赞。

今天值得点赞的还不只是这张照片,还有会场布景。整个表彰会的环境,没有"为全面落实……的宏伟目标而努力奋斗"之类的横幅,也没有"争创""勇攀"之类的标语。背景上全是老师们绽放着灿烂笑容的巨幅头像——而这过去是领导人才享有的尊荣啊,今天,武侯区委区政府将这份荣耀献给了老师们。

而且这些极富感染力和视觉冲击力的人物肖像,并不只是为少数几个获奖者拍的,而是包括了许多武侯区不知名的普通老师。我想,武侯区教育局的理念可能是,教师节不是"优秀教师节",不是"最美教师节",而是所有教师的节日,这一天应该让每一个普通的教师都感到尊严与光荣。因此展现他们的笑容,最真实最自然,也最接近"教师节"的本质。

值得点赞的还有颁奖形式。以前的颁奖都是庄严隆重,其程序不外乎领导致辞、获奖代表讲话、领导颁奖,最后由领导作总结讲话。而今天的武侯区教师节表彰会,没有这么高大上的气氛和程序。整个颁奖活动以晚会的形式呈现,中间穿插精彩的文艺表演。没有获奖代表"表忠心""表决心",没有重要领导"作指示""殷切期望"。依然热烈,却和谐轻松;同样隆重,却温暖亲切。

而穿插其中的文艺表演完全没有我们已经习惯的"歌功颂德"或"感恩戴德",也没有明显的政治宣传,连"中国梦""社会主义核心价值观"之类的概念都没有出现——这些概念当然很好,但今天没有必要嘛!第一个节目是新雅乐传统文化展示《礼》,展现出武侯教师积极向上的精神风貌和武侯教育厚重磅礴的文化底蕴;第二个节目是情景诗朗诵《古祠回想》,表现学生第一次走进武侯祠的景象,回忆师长的教诲和熟悉的课堂;第三个节目是歌舞乐组合唱《天府之国》,诠释大美天府的优雅精致、文化育人的柔美情怀;第四个节目是戏剧舞蹈《百花争妍》,经典戏曲,传承民族精髓,韵味悠长,百花争妍,武侯腾飞,教育梦想铸就中国脊梁。就这四个节目,却精彩纷呈,令人陶醉,又恰到好处,绝不喧宾夺主。

我还要为武侯区区长林丽同志的致辞点赞。其实今天也有一个环节是领导讲话,那就是林丽同志代表区委区政府致辞。我听过太多这种场合的领导讲话，明明是教师的节日，领导却居高临下地提要求，要老师们这样那样："恪守师德"呀，"敬业爱岗"呀，"奉献牺牲"呀，等等，一副"谆谆教诲"的口吻。这让坐在下面的老师，包括获奖老师心里很不舒服——明明是喜庆的节日，却来受一通教训。而今天林丽同志的讲话不是这样。她站在舞台中央，而不是坐在主席台上，以亲切谦卑的态度向老师们表达节日的祝福；她罗列了一年来武侯区教育者取得的突出成果，但目的不是证明"领导英明"，而是向武侯区全体教师表达她真诚的敬意。我觉得，区长林丽同志的致辞摆正了领导和百姓的关系，那就是服务与被服务的关系，是人民公仆与人民的关系。这才是"人民政府"的本来含义。

还有一个环节也特别温馨而富有意义。那就是领导在给获奖代表颁奖之前，由一群天真可爱的孩子给老师们献花。这是一种象征：教师的幸福与光荣是孩子们给的，而不是领导给的。只有走近、走进并因此赢得了孩子的心，教师才有来自职业、源于童心的尊严。离开了孩子，教师就不会有真正的荣誉。是的，不必用堆叠的证书来证明教师的成功，每一个教师的光荣，其实就印刻在孩子们对教师温馨而富有人情味的不灭记忆中。

我为今天武侯区教师节表彰会点赞，就是为教师尊严点赞，为公仆情怀点赞，为平等观念点赞，为民主精神点赞，为公民意识点赞！

2016 年 9 月 7 日

请给班主任松绑

读了《中国教育报》上姚跃林校长《给班主任减负比加薪更现实》一文，我很有共鸣，而且还有几分感动。姚跃林校长不但拥有关心教师的人文情怀，而且还具有"班主任情怀"。这样的校长应该为之点赞。

我完全赞同姚校长所说的，要逐步将"班主任工作量按当地教师标准课时工作量的一半计入教师基本工作量"的规定落到实处。虽然这样做会让校长很头疼，因为教师必然会不够用。但我认为应该把这个难题交给政府，不就是增加编制吗？不就是增加经费吗？改革开放这么多年，国家富强了，所谓"让人民共享改革成果"就应该体现在这些地方。

不过我觉得只减"工作量"，还不能从根本上解决老师不愿当班主任的问题。因为许多老师是宁愿多上课，也不愿当班主任。像我们这里，以前一个语文老师教两个班便是满工作量了，如果当班主任便只教一个班，但许多老师还是宁愿选择前者。我长期做班主任，包括做了校长后还曾当班主任，深感班主任的许多负担其实是一种"束缚感"，而这种"束缚感"是由学校不合理不科学的管理与评价造成的。因此今天我还要呼吁：请给班主任松绑！

首先是"精神松绑"，就是给班主任更多的思想自由。当然，学校的宏观指导是应该的，有些统一的要求也是必要的，但有的学校完全剥夺了班主任的自主性，对班主任的管理依然习惯于"整齐划一"，要求一切都必须按学校统一部署做：每周班会的主题、教室墙上的宣传画、板报的内容，甚至黑板上方写什么标语……都是统一的，否则扣分！本来，一个班级应该是班主任展示自己教育智慧和艺术的平台，可现在一切都被学校"规定"了，哪还容得下班主任有半点自己的想法？比如，有班主任想尝试"学生自治"，让学生成为班级的主人，通过某种民主程序和形式，把一个班的重担交由几十个学生分担，并以此培养学生的自我管理能力，班主任自己也可以从繁琐的班级事务中解放出来，但不行，学校规定班主任必须随时"到位""到场"。如此精神被束缚，没有半点创造的自由，更不用说教育的浪漫与情趣了，谁愿意当班主任啊？

其次是"行动松绑"，就是尽量让班主任工作相对纯粹一些。现在的班主任工作"严重超载"，因为承担着无限的责任：既要管学生，又要管家长，还要管科任老师；既要管学生校内纪律，又要管学生校外表现，还要管学生家庭教育；除了班级纪律、思想教育，还要具体督促检查甚至辅导学生各学科学习，包括守着学生背书，更有类似"创卫检查""消防演练""节水征文"等各种防不胜防的临时任务……班主任责任似乎无限大，因为他什么都要管而且必须管好；同时班主任权力似乎又无限小，因为无论谁都可随时给他下达任务。如此穷于应付，疲于奔命，班主任哪有精力去"走进心灵"？因此，要解放班主任的手脚，就必须科学划定班主任工作内容。若凡是与学生有关的事都把班主任推到第一线，那么试问：学校非班主任人员的教书育人、管理育人、工作育人、服务育人又从何谈起呢？我认为，班主任最基本最主要的任务就是学生思想教育和班级常规管理，他的权力与责任也只在这个范围之内——所谓"让班主任工作相对纯粹一些"就是这个意思。只有把捆绑四肢的各种无形绳索解开了，班主任才能放开手脚集中精力做真正该做而且富有创造性的事。

"松绑"也好，"减负"也罢，关键是要改革目前许多学校对班主任片面而不科学的评价考核：一是简单而庸俗的"量化"——计划、总结的份数，纪律、卫生的分数，做好人好事的次数，上交学校广播稿、壁报稿的篇数，等等。姑且不论如此"量化"是否真能反映出一位班主任的工作成效，单是这种形式便使班主任有做不完的统计、填不完的表格、挣不完的分数，忙于种种检查评比而不得不把科学细致的思想工作掷之一边；二是"以智论德"，不管班主任平时做了多么深入扎实的学生思想工作，不管这些工作带来了多么良好的班风，只要考试成绩不理想，尽管其原因是多方面的，但往往一律归咎于班主任，其工作便被"一票否决"；三是提倡并鼓励班主任当"保姆"，越是陪着学生自习，守着学生做操，盯着学生扫地的班主任，得到的评价就越高，而那些培养学生自育自治能力，放手让学生自我管理的班主任，尽管班风良好，却往往被视为"不负责"。如此评价，班主任怎不身心疲惫？我们不反对科学量化，但班主任工作的效果并非都能量化；学生成绩当然反映了班主任工作的一个重要方面，但毕竟只是一个方面而非全部；班主任事必躬亲固然可敬，但"垂拱而治"的管理方式更为合理科学。因此，只有使班主任工作得到全面科学公正的评价，班主任们才可能真正得以"减负""松绑"。

诚如是，或许愿意当班主任的老师会越来越多。

2016 年 10 月 14 日

被勤奋的教师、家长和孩子

昨天晚上,公交车上看到一个男孩在摇摇晃晃的车厢里做作业,便随手用手机拍了几张照片。我将其晒在我的微信朋友圈里,引起了热议——

"类似这样的现象比比皆是。"

"政府政绩绑架学校,学校绩效绑架教师,教师毁人不倦。"

"这就是中国的教育,我们就是剥夺孩子童年和戕害他们体质的罪魁祸首,很多时候都为自己是老师而悲哀,更为自己是一位具有教师职业的母亲而汗颜啊!一直在念叨的课改和素质教育似乎一直只是一个梦而已!"

"对品德修养和创新能力的巨大戕害!"

"孩子是人,不是机器!"

"他该有多不快乐!早晨起床最早的也是学生。"

"被勤奋的孩子,被勤奋的教师。"

"经常看到这样的画面,尤其是又临近期末,为了所谓的成绩,必须反复练习。我们也知道,童年不该如此,生活不该如此。"

"什么时候我们的教育能够成为真正的'人'的教育,即把孩子先哺育成一个身心健康的人,然后再考虑让孩子成才呀?'成人'比'成才'更重要,'成人'是基本要求,是前提;'成人'都难,何求'成才'?教育,悲哉!"

……

《素质教育在美国》的作者黄全愈博士说:"这种照片在美国恐怕极难看到。"

还有朋友给我发来了她曾经在公交车上拍的孩子做作业的照片,说:"我坐公交车也碰到过做作业的孩子,看来是种常态了。"

也有一位朋友评论说:"一张图片本身很难说明问题,因为你很难说清甚至根本不知道他在此刻做作业的具体情境和主要目的,所以,以一张没有任何说明、没有任何情境的照片来指责教育的'失败',我认为有失公允。"

其实,是否"个别"我想是用不着争论了。就算公交车上写作业的孩子是极个别的,现在的学生课业负担重,这是不争的事实。前不久,我还看到网上有小学生和爸爸坐在三轮车上,以爸爸的腿为课桌做作业的照片。因此,中国中小学的作业负担很重,这是不争的事实,这并不需要"大数据"的支撑。绝大多数中小学孩子的家长都有切身感受,都是"现场证人"。

作为一名教育工作者,除了和大家一样心疼孩子之外,我还感到惭愧,且无语。想到前段时间有人在激烈争论:十年课改是否成功?有人说成功,找出一大堆证据;有人说失败,同样找出一大堆数据。说实话,对这个问题我真不好回答。说"不成功"吧,至少绝大多数教师的教育观念都已经发生了巨大的转变,课堂行为也有了很大的改进,还开发了那么多的课程,推出了那么多的教材,等等;但要说"成功",我想至少还远远没有达到我们相对(也只能"相对")理想的教育状态。也许有人会问我,什么叫"理想的教育状态"?我想这个就不用回答了吧!20多年来,关于素质教育的论述还少吗?什么"全面发展",什么"生动活泼",什么"尊重个性",什么"学生主体"……可是,这些目的达到了吗?——我指的是"普遍达到",而不仅仅是拿几所大都市的"名校"说事儿。

其实,教育是否"理想"——不,甚至是否"正常",有一个重要而朴素的标准,那就是看孩子是否学得积极主动,课业负担是否普遍很重。休给我说"梅花香自苦寒来""学海无涯苦作舟";也休给我说"什么叫'过重的课业负担'?谁来界定这个'过重'?""世界上哪有不吃苦的学习"！这些常识我都懂：学习需要刻苦，成长需要磨炼，但这是另一个范畴的问题，不要以此为由剥夺孩子健康的体魄和健全的心智，包括他们应有的想象力和创造力，还有属于儿童应有的快乐、情趣、浪漫、梦幻！如果我们的孩子不得不在公交车上完成作业，这样的教育无论如何不能算是成功的。正如有的网友所说，没有了强壮的身体和强劲的创造力，就算考上大学又如何？

我今天所说的毫无新意，都是大家寻常所见。只不过又通过微信发了一通牢骚而已。但如果仅仅停留于发牢骚，就不但没有新意，而且也没有意义。我们至少应该考虑两个问题：为什么？怎么办？

第一个问题的答案，表面上是因为中考高考，是应试教育，但其实是因为社会。从积极意义上说，是最近30年经济发展急需人才的迫切性使然，"多出人才，快出人才"，走向强盛的中国呼唤着各类建设人才，于是，教育发展自然是"社会本位"，这不能说是错了，但很容易忽略人本身的发展；从消极意义上说，就是人成了社会发展的工具，经济发展的工具，国家发展的工具，于是教育本身也就成了工具，因而淡化了甚至在某些地方某些时候丧失了"人"的温度与气息。应该说，这有着历史发展阶段性的必要和必然，但当我们国家发展到了今天，是到了在宏观上对教育的功能进行调整的时候了。只有整个国家由"以经济发展为中心"转向"以人的发展为中心"时，我们的教育才会有彻底的改观。

第二个问题的答案几乎无解。有人会说："这还不简单吗？从高考改起就可以了！"真的这么简单吗？且不说高考无论怎么改都不可能取消，何况作为个人，我们不可能去改变高考。面对社会的潮流，任何个人——别说普通家长和老师，就算是校长、局长、厅长乃至部长，想一下子力挽狂澜都是无奈而无力的。然而，我们不求"一下子"，但"几下子""几十下子""几百下子""几千下子""几万下子"……行不行？我的意思是，我们每一个人对"教育应该是怎样的"要有清醒的认识。不得不做奴隶可以理解，因为奴隶表面服从但灵魂深处是不甘心的，他知道他本来不应该做奴隶；但甘心做奴才就不可原谅，因为奴才甘心如此，而且还认为理应如此。我们个人的能力的确有限，但我们可以做我们能够做到的，哪怕点点滴滴也行——这就是我刚才所说的"几万下子"。比如，做教师的，能否按时放学？能否和其他老师协调起来控制作业量？能否不布置没有任何智力含量的无效作业？能否根据不同学生的基础和资质布置不同的作业？我知道有老师会说："我愿意这样吗？学生累就意味着我会比学生更累，可是那么多的考试评比排名，我不这样行吗？"可是，你这样真的就"行"吗？真的就能应付那么多的考试排名吗？作为有30多年教龄的教师，我太知道有些加班加点不过是自我安慰而已，其实并没有什么效果的；如果从局长到校长再到每一位教师，都能真正为学生的长远发展着想，都能遵循教育规律，我们整个教育生态是不是会相对好一些呢？作为家长，能否不在周末给孩子加压？别逼着孩子上这个班上那个班，学这个学那个？我知道有家长会说："自己的孩子我何尝不心疼？但别人家的孩子都这样，我不这样行吗？"可是，如果所有家长都不给孩子加压，整个氛围是不是就好一些呢？

回想2000年，教育部发布紧急通知，要求"切实把小学生过重课业负担减下来"，我和我周围的老师都很兴奋，甚至可以说是"喜出望外""奔走相告"，觉得"这下终于好了"。十几年过去了，现在中小学生的作业量比当年是更重了，还是更轻了？我想，大家心里都很清楚。

2016年12月19日晚

真课改三问

我今天谈的"课改"特指"课堂改革"。

至少从我参加工作的 80 年代初,课堂改革就已经有了。虽然那时"素质教育"这个词还没有流行,但有"教改",即"教学改革",实际上主要就是课堂教学方式的改革;那时也还没有"应试教育"的说法,但教改依然有着鲜明的针对性,即"片面追求升学率"。

从那以后到现在,30 多来,我国中小学基础教育从来没有停止过"课改"。究其原因,就外而言,是不断开放的教育视野,让域外许多先进的教育理念之风不断吹进中国的校园和课堂,布鲁纳、布鲁姆、巴班斯基、维果茨基,还有"发现法""建构主义",一直到最近的"翻转课堂"……这一切都推动着中国教育的改革和课堂的变革;就内而言,"填鸭式""满堂灌"的方式越来越让课堂失去了生机,让孩子失去了活力,让教师失去了激情,因此"课改"成了中国教育本身发展的需要。于是,从 80 年代上海育才学校的"茶馆式教学"到 90 年代江苏洋思中学的"先学后教,当堂训练",一直到最近几年山东杜郎口中学的"三三六"自主课堂教学模式……中国基础教育的课堂一直呈现出此起彼伏的改革浪潮,且成果斐然。

同时不可否认,现在虽然各学校"课改"的热情依然未减,但不少人却越来越迷惑了,还有人发问:"课改"究竟有多大的成功?我曾经引用过黎巴嫩诗人纪伯伦的一句话说明中国教育的困局:"我们走得太远,以至于忘了为什么而出发。"这话同样适用于"课改"。我们应该回到起点,重新审视"课改"。对此,我想谈谈三点看法。

第一,为什么要搞"课改"?

这个问题很原始、很朴素也很简单,可并不是所有搞"课改"的人都明白。在一些学校,老师之所以要搞"课改",是因为校长的要求;而校长要搞"课改"是因为教育局长的意思,而局长之所以要搞"课改"则是为了落实什么"发展纲要"或"会议精神";还有一种情况,就是"跟着潮流走",看见其他学校的"课改"轰轰烈烈,自己便有些着急,于是便找一些"前沿"(其实是"时髦")的课题加入进去,跟着搞;或者选一些课改标本,照着做。比如,一些学校前年学洋思,去年学杜郎口,今年学北京十一,就是这样的。这样的"课改",并没有原动力,自然搞着搞着便乏力,便中途熄火。

我认为,"课改"最初始的缘由,应该来自孩子和教师,来自他们的不满意——孩子们对课堂不满意,上着上着课就想睡觉,或者上了一堂课却没有感觉到收获;教师们对课堂不满意,课堂死气沉沉,学生呆若木鸡,整个一堂课讲得口干舌燥,浑身疲倦,却没有成就感。孩子的青春和教师的生命每天都这么白白流失,这样的课堂难道不需要改吗?有了这样的愿望,"课改"就不是"上面"的要求,而是学生和教师共同的迫切愿望。内驱力一解决,创造性便自然迸发。怎么教,怎么上,怎么改……教师自然会和孩子们商量,并实践。这样的"课改",才是真课改。

"以人为本""一切为了孩子"等口号喊了很多年了,但有的学校一到关键时候,就变成了"以领导为本""一切为了领导",因为一些学校包括"课改"之类的教育举措,都是为了应付"上面",而不是为了每天面对的孩子。现在我们应该把目光转向孩子,问问他们:你们对课堂满意吗?你们觉得有哪些是需要改革的?什么样的教法你们最快乐而且最有收获?……对这些问题的调研,应该是"课改"的起点。

第二,课堂应该怎么"改"?

"课改"多年,各种"理念"满天飞,但至少有一个理念已经深入人心并成为共识，就是教学的重点是学生"学"——教学教学，就是"教"学生"学"。换句话说，课堂应该是学生学习的平台，教师所做的一切都是服务于学生的"学"。这个已经达成共识的"课改"理念却应该允许有不同的呈现。

现在的课堂教学模式看似五花八门，其实大多不外乎"自学""展示""检测"几个环节的组合与变型。尽管如此，我们应该允许"学生主体"的教学理念有不同的呈现方式，可以是洋思式的，可以是杜郎口式的，也可以是北京十一学校式的，还可以是什么都"不似"却最符合、最贴近自己班上学生实际情况的教学形式。我们特别提倡不同的学校应该有不同的课堂教学方式，这些方式可以是在借鉴别人模式基础上的创新，也可以是本校的原创。我还想强调，一定要尊重每个教师的课堂教学自主权，把选择课堂教学方式的权利还给教师，尊重教师的"课改"创新精神。但这点在一些学校做得并不好，这是不少教师反感甚至抵触"课改"的主要原因。

我特别想说说"高效课堂"的问题。"高效课堂"是针对低效甚至无效课堂提出的。从教学的有效性来说，追求课堂的高效当然不错，问题是不能一刀切和绝对化。什么叫作"高效"？这个"效"如何界定与检测？这个问题不解决，课堂教学很容易走向单纯的"知识本位"。不同的学科有不同的特点，比如语文学科，不但有知识传授，更有情感熏陶和思想启迪，而这一切是一个相对长期的过程，片面强调"高效"，就把语文课上成数学课了，何况数学课也有"情感、态度、价值观"的追求。所以，如果一定要提什么"效"，那还是"有效课堂"比较合适。

第三，课改的核心问题是什么？

我认为，"课改"的核心问题不是课程，也不是教材，更不是教法，而是教师。或者说，课程、教材和教法，最后都取决于教师的素质。从某种意义上说，教师就是课程，是教材，也是教法。优秀的教师不但能够举重若轻地驾驭课程，还能够游刃有余地开发课程；不但能够驾轻就熟地处理教材，还能够信手拈来地编写教材；不但能够博采众家之长，选择合适的教法，更能炉火纯青地形成自己独有的教学风格。因此我说，"课改"

的核心，是教师。

而教师素养的核心，是教师的丰富的阅读，以及由此形成的渊博的学识积淀和厚重的文化底蕴———一句话，要有"学问"。现在的问题恰恰是，高学历的教师很多，而有学问的教师太少。肚子里没有货，课堂教学必然捉襟见肘，也吸引不了学生，于是只好在教法的花样翻新上"出彩"。

教师的学问更多的是来自阅读。我越来越觉得，所谓"教师专业成长"，主要途径就是阅读！教师在讲台上一站，就要让学生感到你有一种源于知识的人格魅力。这种魅力，更多地来自专业阅读。所谓"专业阅读"，我理解的应该是这样一种阅读结构：学科教学，教育心理，人文科技。作为一名成长中的教师，一定要读所教学科领域顶尖级的特级教师的专著，一定要读类似苏霍姆林斯基这样世界级教育大师的著作，一定要涉猎哲学、政治、经济、历史、文学、艺术、科技等著作。有学问的教师，无论开发课程，还是编写教材，或者是运用教法，不都是"小菜一碟"吗？

请允许我或许有些极端地说，一个教师只要真正有学问，哪怕就是偶尔"满堂灌"，也叫"新课改"！因为表面上他在"满堂灌"，但他的每一句话，都激发了学生学习的欲望，都点燃了学生思想的火花，都引爆了学生创造的思维。所以从这个意义上说，没有真正优秀的教师，就没有真正有效的"课改"。

从哲学上讲，不变是相对的，变是绝对的。所以同样的道理，对课堂教学而言，不改是相对的，改是绝对的。所以，"课改"不能停，必须健康推进。现在许多"课改"之所以无效，是因为一开始就是假的。我们现在关键是要追求真"课改"———"以人（孩子）为本""实事求是""因人（地区、学校、学科）而异"……如果我们的"课改"真正体现出这些朴素的"套话"，那或许就算真"课改"了。

2016年12月27日

"办学校、做教育、当老师就必须讲正气！"
——从杭州育才中学的录取通知书说起

这次应邀去杭州育才中学讲学，时间匆忙，没来得及细看他们学校，再说还没开学也不能听课，因此连"走马观花"都谈不上。但当校长郜晏中给我看他们的录取通知书时，我被吸引了。这份录取通知书不是一张纸，而是一本"书"——粗粗看上去，真像是一本仿线装书，但其实它不是书，而是一个折叠式的长长的横幅；将横幅合拢起来不正像一本"书"吗？

这份录取通知书的特别，还不只是形式上的古色古香，更在于其内容。除了用篆书、行书等中国传统书法的不同字体写"录取通知"之外，还郑重地写上了学校的价值追求、办学理念等等，明确告诉即将进入这所中学的孩子及其父母这所学校的追求是什么。

向学生展示学校理念似乎并不新奇——许多校园里的墙上都有类似的宣示。但这份通知书上所展示的学校追求，却和一般的学校不同。我这里以育才中学写在录取通知书上的"我们的校训""我们的价值观"和"六不承诺"为例，谈谈我的感想。

"我们的校训：样样落实，天天坚持。"

看过太多立意高远、气势雄浑的校训之后，看到这条校训，觉得特别耐人咀嚼。这八个字看起来很普通，没有宏大的词语，无论校长、教师还是学生，都是可以做到的。说到的就要做到，做到了还要持之以恒。关键是,"样样落实,天天坚持"这八个字和师生的日常生活结合起来了:从学校的规章制度,到教师的教育常规,再到学生的行为习惯,如果真正"样样落实"了,"天天坚持"了,学校信念、职业精神、学习态度就变成了一种生活习惯伴随学生终生。而"教育就是养成好习惯",可见这大白话一般的短短校训,意蕴深着呢!

"我们的价值观:一身正气,敬业是一种习惯,激情快乐,决胜课堂,服务至上。"

说实话,学校这样的文化表述,我已经很少看见了。把"一身正气"放在第一条,这显示了办学者纯正的教育情怀。当今中国,包括教育界的许多领域盛行着许多看不见但感觉得到的"潜规则"。一个校长如果把文件上的规定当真往往被视为"傻子",如果真要"走正步"则往往吃亏。请客送礼、吃喝勾兑、拉帮结派、逢迎媚上、打擦边球……即使在出台"八项规定"后的今天,类似的现象在一些地方一些部门依然没有绝迹。在少数教师中,现在一说"正气"之类的话,他们会很反感:"唱什么高调!""你就装吧你!"……在这种情况下,谈什么"一身正气"真是有点"不识时务"。可是郜校长对我说:"我们就是大张旗鼓地讲一身正气,办学校、做教育、当老师就必须讲正气!"他还说:"我们学校坚决不收一分钱赞助费。现在育才系列学校都是热点名校,如果我要收赞助费,一年收个五千万是很轻松的。"还有"敬业是一种习惯",还有"激情快乐",也是一些学校一些教师所缺乏的。敷衍、麻木、慵懒、抱怨……成了少数老师的日常状态,你跟他说"享受教育的快乐",他会说:"什么'快乐'?你别忽悠我了!什么'幸福比优秀更重要',你站着说话腰不疼!"还有"决胜课堂",育才中学认为,学校的一切理念都应该体现在课堂行为上,而不是表面上轰轰烈烈。在这浮躁的教育环境下,这四个字显示出育才中学教育者的沉静与朴素。"服务至上"这四个字也很了不起,因为这等于是向孩子们承诺,学校从校长到教师都是为孩子们的成长服务的。而这恰恰是一些学校的教师所反感的:"我们居然要为学生服务,教师的尊严何在?""现在的学生不好管啊,嚣张得很啊,还要我们为他们服务?这教师没法当了!"其实,"服务至上"四个字不过是表达了教育的一个常识:学校的一切归根到底都是为了学生，因此"服务至上"不是理所当然的吗？

"我们的六不承诺：不接受家长馈赠；不接受家长宴请；不委托家长办私事；不做有偿家教，不在外兼课；不体罚和变相体罚学生；不在工作日饮酒，不在校园内吸烟。"

这"六不"，把上面"我们的价值追求"的第一条"一身正气"具体化了。可以这样说，现在不光社会风气不好，一些学校的风气也不好，这六条的每一条都会让师德低下、师风不正的教师反感："还要不要我们一线教师活了？"至今"体罚学生"还在一些教师那里颇有市场，而且理直气壮；至于"不在校园内吸烟"，这简单的要求能够做到的学校真不多。然而，育才中学却光明磊落地向学生、家长及社会如此庄严承诺，这就是"一身正气"，也是其校训"样样落实，天天坚持"的具体体现。也许有人怀疑这"六不"是否真的能够"落实"和"坚持"——谁来监督？这个不用操心，学校将其写进每一份录取通知书，就把监督权赋予了每一个孩子及其家长。

去年杭州G20峰会期间，杭州市"最佳城市体验——TOP20总评榜·杭州名片"中的20张名片，有两张是来自教育界的，一张是公办的杭州第二中学，另一张便是民办的杭州育才教育集团。而杭州育才教育集团的"入选理由"是：

1. 校风正：育才是全国唯一向全社会公开承诺在职教师不做有偿家教的热点名校，所有育才教师一年一签承诺书，接受学校纪委和学生家长监督。尽管学校地处经济高度发达地区，每年招生报名门庭若市，但办学至今，育才从未收取一分赞助费。"一身正气"是育才全体师生共同遵循的第一价值观。

2. 影响大：育才是全国跨地市办学最成功的民办教育集团之一，集团创办的14所学校，每一所都是当地的顶尖名校。集团现有1000名教师，1万名学生，影响力遍及全国……2015年获得全国第二届"明远教育奖"（实践类），学校校训"样样落实，天天坚持"入镜浙江省人民政府第二届世界互联网大会宣传片。

3.质量好：育才中学教育集团所属系列学校，无论中、小、幼，在杭州、丽水、衢州等地参加各类升学考试，质量抽测，所有指标均居当地最前列。育才因此而备受各地家长追捧。

上面的内容是我从"G20杭州名片"上摘录的，并没有进行一一核实，但在杭州育才中学作报告的会场里，我感受到老师们阳光、积极、向上、幸福的精神面貌，这是装不出来的。须知，还没到开学时间老师们就提前到学校参加培训，而且脸上都呈现出一种过节一般的兴奋和喜气洋洋，这在许多学校就是做不到的，也是一些人"不可思议"的。这就是"一身正气"，这就是"激情快乐"，这就是"服务至上"……

一份别样的录取通知书所蕴含的育才中学成功的全部秘密就在这里。

2017年2月11日